A potência das fendas

Flo Menezes
&
Vladimir Safatle

n-1 edições

A potência das fendas
Flo Menezes & **Vladimir Safatle**

© n-1 edições, 2021
isbn 978-65-86941-47-0

n-1 edições
Embora adote a maioria dos usos editoriais do âmbito
brasileiro, a n-1 edições não segue necessariamente as
convenções das instituições normativas, pois considera
a edição um trabalho de criação que deve interagir
com a pluralidade de linguagens e a especificidade
de cada obra publicada.

coordenação editorial Peter Pál Pelbart
     e Ricardo Muniz Fernandes
direção de arte Ricardo Muniz Fernandes
assistente editorial Inês Mendonça
preparação Pedro Taam
revisão Renier Silva
projeto gráfico e diagramacão Joana Amador

A reprodução parcial deste livro sem fins lucrativos,
para uso privado ou coletivo, em qualquer meio impresso
ou eletrônico, está autorizada, desde que citada a fonte.
Se for necessária a reprodução na íntegra, solicita-se
entrar em contato com os editores.

1º edição | agosto, 2021
n-1edicoes.org

Diálogo

Início
15 de abril de 2020

Conclusão
31 de janeiro de 2021

Flo Menezes: É interessante, ainda que rara, a situação em que um mesmo *Texto* é submetido por seu próprio autor, ou por aquele que o afronta, a distintas leituras. Na música, Alban Berg precisou de 25 anos para fazer isso, talvez de forma pioneira, com um poema de Theodor Storm, *Schließe mir die Augen beide*, quando, após tê-lo vertido em uma das mais belas canções da última tonalidade, em 1900, revisitou o texto e o submeteu à escritura de uma das primeiras obras seriais dodecafônicas com a bela canção homônima de 1925. Anos mais tarde, mais precisamente entre 1977 e 1981, Luciano Berio, em colaboração com Italo Calvino, concebe algo inusitado no domínio da Ópera – ainda que tenha relutado em defini-la desse modo, preferindo o termo *azione musicale*: uma Ópera em dois Atos, *La vera storia*, mas cujo texto do Primeiro Ato é idêntico ao do Segundo, apenas sendo distribuído ou segmentado de modo ligeiramente diverso, e cujo tratamento musical é substancialmente contrastante. Por anos pensei que esta ideia de Berio e de Calvino, sem dúvida ainda de grande originalidade, tivesse como precedente ou as duas canções de Berg, ou alguns dos exemplos de quebra da ilusão isomórfica entre texto e música que Berio mesmo chega a diagnosticar em alguns dos *Lieder* românticos, quando então um mesmo poema é submetido a tratamentos musicais completamente diversos, ainda que, nestes casos, por diversos autores – tal como é o caso, tipicamente, do poema de Goethe *Kennst Du das Land?*, musicado magistralmente por Beethoven, Schubert, Karl Friedrich Zelter, Liszt, Schumann e Hugo Wolf, cada qual acreditando ter vertido em música a mais pura "verdade" do texto.

Mas há outros precedentes, e um deles se dá no teatro. Em uma de suas peças didáticas (neste caso, uma Ópera Escolar – *Schuloper*), *Der Jasager und Der Neinsager* [*O que diz sim e O que diz não*], de 1930, Bertolt Brecht prenuncia o feito de Calvino/Berio e concebe uma obra dupla em que o texto do Segundo Ato é fundamentalmente idêntico ao do Primeiro, mas com desfecho radicalmente oposto: numa arriscada expedição pela montanha para se atingir um vilarejo do outro lado da encosta, onde pesquisadores chegavam à fabricação de um remédio capaz de curar a peste que acometera sua mãe e boa parte da civilização – uma situação bem próxima da de nossos dias –, um menino, que convencera seu professor a levá-lo junto com a sua equipe na busca desta salvação, é ele mesmo acometido da enfermidade, o que o impossibilita de seguir caminho. O impasse se dá bem no alto da montanha, no meio do trajeto, por onde só se passa para o outro lado através de uma estreita *fenda* acostada, por um lado, por espinhos e, por outro, pelo abismo, e cuja ultrapassagem só é capaz de ser feita por alguém são. A fenda, tão estreita, impossibilita também que alguém seja carregado para o outro lado. Dá-se, então, a enquete ao próprio menino: estaria ele de acordo que a expedição tenha prosseguimento e, uma vez que não poderia ser deixado para trás sozinho, no alto da montanha, que ele fosse arremessado ao abismo? No Primeiro Ato, o menino diz *sim* e aceita a morte, sabendo que, com seu sacrifício, provavelmente sua mãe será salva. Mas no Segundo Ato, sua opção surpreende a todos e ele trai a tradição de que, diante de uma situação inusitada como esta, sacrifique-se a si mesmo: o menino diz *não* e prefere a vida, desejando retornar ao lado da mãe enferma! Interpelado moralmente pelo professor, inconformado com sua atitude, ele profere uma das frases mais contundentes em defesa da *dialética*: "A cada nova situação, pensar nova-mente" (minha *transcriação* da frase: "*In jeder neuen Lage neu nachzudenken*").[1]

É curioso pensarmos que, numa situação tão dramática como esta, Brecht tenha feito uso da imagem de uma *fenda*. Teria traçado tal elaboração consciente referência à passagem do *Inferno* ao *Purgatório* na *Divina Comédia* de Dante? Nos versos derradeiros do *Inferno*, Dante, ainda acompanhado de Virgílio, e depois de chegar ao Nono Ciclo e ter avistado Lúcifer, esprime-se por uma estreita encosta (*camino ascoso*) e, saindo do Inferno, consegue chegar à renovada visão dos céus. O verso final desta parte, de incomensurável beleza, enuncia a libertação dos poetas com relação às tormentas do Inferno e seu reencontro com as estrelas: "*E quindi uscimmo a riveder le stelle*"[2] ("E assim saímos para rever as estrelas"). Se se trata de ato inconsciente brechtiano, ou se minha (re)leitura evoca o lema "*se non è vero, è ben trovato*", é de *fenda* que aqui se trata. E, nesse contexto, não poderia deixar de fazer outro curioso paralelo:

---

[1] Bertolt Brecht, "Der Neinsager", em: *Die Stücke von Bertolt Brecht in einem Band*. Frankfurt am Main: Suhkamp, 1987, p. 254

[2] Dante Alighieri, *A Divina Comédia – Inferno*. São Paulo: Ed. 34, 1998, p. 230.

> O silogismo é absolutamente correto apenas quando é uma tautologia, isto é, quando é estéril. O silogismo é "útil" quando... é incorreto, isto é, quando admite "fendas" entre os conceitos. O fato depende "por inteiro" das dimensões permissíveis das "fendas". É aqui onde começa a dialética.[3]

As fendas são, então, imperfeições, mas também arestas, e, como tais, propiciam-nos passagens. Instituem instabilidade nos conceitos e promovem a salutar não correspondência como condição *sine qua non* da reflexão. Talvez por isso é que você mesmo cite a bela frase de Hegel, quando este afirma: "Isso é ternura demais para com o mundo: afastar dele a contradição".[4] Sou levado a crer que é nesse sentido que você também fala de uma "sedução da multiplicidade e do não idêntico", ou ainda do irresistível ato em "ceder a cada encanto do heterogêneo".

---

[3] Leon Trótski, *Escritos Filosóficos*. São Paulo: ISKRA, 2015, p. 103.

[4] Georg Wilhelm Friedrich Hegel apud Vladimir Safatle, *Dar corpo ao impossível: o sentido da dialética a partir de Theodor Adorno*. Belo Horizonte: Autêntica, 2019, p. 57. Para as citações seguintes, pp. 45; 46.

Vladimir Safatle: Há duas ideais interessantes aqui. A primeira diz respeito a esses modos de atualização do conceito que se constroem através da tensão entre séries divergentes. O que significa realizar um conceito? Não há situações nas quais ele é, na verdade, uma fenda que se abre no espaço entre duas séries divergentes que se desdobram do mesmo ponto de partida? Como se o conceito fosse, na verdade, o sistema de passagem entre uma série e outra? O exemplo das duas peças de Berg é bastante ilustrativo. E acho que, não por acaso, o texto seja o poema *Schließe mir die Augen beide*. Há uma ambiguidade maior no poema, pois se trata da junção entre amor e morte. O poeta pede que seus olhos sejam fechados com mãos amorosas que vão afastar a dor, até a última batida. Talvez falar desse ponto de junção entre atração e terror só seja mesmo possível através de algo que precise ser produzido por meio de duas séries divergentes, criando dois sistemas de relações, mesmo que eles tracem relações de familiaridade. As alturas intervalares da voz nas duas versões da canção se aproximam em muitos pontos, da mesma forma que as intensidades do piano. Isso sempre me chamou a atenção: mesmo a passagem do sistema tonal ao sistema serial dodecafônico não toca a intensidade do piano.

Há outro caso que também me interessa. Ele está presente, por exemplo, em uma peça de George Crumb, da série *Makrokosmos* (nº 11). Chama-se *Dream images (love-death music)*. Também outra peça que procura lidar com a tensão entre amor e morte. A peça se organiza a partir de uma polaridade realização/suspensão formal. Usa-se muito esta peça para se falar do uso de citações na música contemporânea, já que há uma reincidência contínua de trechos da *Fantaisie-Impromptu*, Op. 66, de Chopin. Mas não creio que "citação" seja a operação adequada aqui. O que ocorre é uma recomposição que não deixa de tecer relações conceituais interessantes com o que estava em jogo nas duas peças de Berg. No entanto, essa recomposição, por operar sobre um material histórico, tem uma força de ressignificação retroativa.

Se voltarmos os olhos à *Fantaisie-Impromptu*, veremos como a sua forma tripartite (ABA') é levada a um ponto de paroxismo muito evidente na mudança brusca de caráter com a entrada do *Moderato Cantabile*, parte central da peça. A exaustão física a que o pianista se submete para interpretar a primeira seção com sua velocidade contínua, com sua dissociação entre grupos de doze notas na mão esquerda e de dezesseis notas na mão direita, seu tom de arrebatamento, contrasta esta parte central de forma tal com a seção inicial e final em dó sustenido menor que parece que ela foi enxertada na música, como se se tratasse de outra peça. Esse contraste é uma característica romântica fundamental, com seu uso dialético das fendas.

Bem, é exatamente essa tensão estrutural que anima a recomposição de Crumb. De certo sentido, a peça de Chopin volta, mas com duas mudanças decisivas. Primeiro, o caráter dinâmico das seções A e A', caráter este que já era uma referência importante ao dinamismo próprio das Sonatas de Beethoven, em especial ao terceiro movimento da *Sonata ao Luar*, está morto. Por isso, o recurso à estaticidade de sequências de acordes em breve, escalas de tons inteiros, entre outros. Ademais, a distinção estrita entre seções na *Fantaisie-Impromptu* de Chopin se decompõe como em uma imagem onírica na qual materiais voltam como se estivessem em ruínas.

Nesse sentido, a polaridade "amor" e "morte" à qual o título se refere aparece sob as marcas da suspensão formal, com sua estaticidade mortífera e a flutuação dos retornos da *Fantaisie-Impromptu* de Chopin em ruínas.

Como se a promessa romântica de luta, reconhecimento e integração do que poderia colocar a organicidade da forma em colapso continuasse no nosso horizonte, mas agora com a experiência histórica da recusa, assim como com a consciência da necessidade, de parar o movimento.

Eu ainda lembraria que essa é uma sequência histórica significativa para o gênero *Fantasia*. Você sabe, melhor que eu, como ele apareceu, como uma forma da liberdade que seria semelhante aos modos de relação e de associação em operação na imaginação. A referência de Crumb ao sonho é astuta, pois ela explicita algo de central para a compreensão da forma em questão. As regras da imaginação estarão presentes na teoria dos sonhos do século xx.

Mas essa forma da liberdade perde algo do seu caráter afirmativo que era evidente no romantismo e nas Fantasias de Chopin, Schubert e Liszt. Porque essa liberdade, para se preservar, deve afirmar sua impossibilidade de realização histórica. Por isso, ela não volta como espaço da complexidade, mas de certo esgotamento. Esse esgotamento, no entanto, é uma forma de preservação daquilo que a Fantasia um dia prometeu. Pois não temos mais o direito de preservar a crença, própria ao século xix com suas transformações sociais revolucionárias, de que a forma da imaginação livre nos está à mão. E creio que, neste sentido, a peça de Crumb é muito bem-sucedida.

FM: É curioso que eu sempre tenha lido o texto de Storm no qual se baseiam as duas canções de Berg como um gesto *acusmático*, mais de amor do que de morte, em que o próprio coração pode parar de bater para que o momento do amor seja, mais que suspenso, talvez eternizado. A acusmática – aquela escola pitagórica que se assentava sobre a escuta "pura" dos ensinamentos de Pitágoras através de uma cortina que o ocultava, e de cuja imagem Pierre Schaeffer fez uso para definir a poética emergente da *musique concrète*, com aqueles sons que saíam dos alto-falantes sem que se visse sua proveniência física – é evocada ali *avant la lettre* como promoção da sensação "pura", em defesa de uma sensibilidade à flor da pele: "Feche-me ambos os olhos!" E tal sensibilidade é pura vida! Mas a evocação da morte, quase como resolução às avessas, em que toda sensibilidade se ausenta, instaura a fenda dialética daquele desejo de puro prazer. O "purismo", claro, deve ser colocado entre aspas, porque nenhuma experiência pode ser tão desnudada a ponto de abdicar por completo de seus referenciais, e quando um John Cage afirma que quando avista uma árvore, deseja "se esquecer de todas as árvores" (*"When I see a tree, I want to forget any other trees"*),[5] sabemos que o gesto é corajoso, incitando-nos àquele interesse genuíno, quase infantil, pelo Novo, mas que também é utópico, pois nem mesmo o pássaro disso é capaz: logo aprende a constituir referenciais cumulativos de suas experiências parciais para poder pousar em algum galho. *Incluímos* as coisas num curso histórico que nos relaciona a elas, e tudo é, num certo sentido, por nós historicizado. Talvez por isso Jean-François Lyotard, quando aborda a fenomenologia e se refere a essa busca intencional e mesmo instintiva de essência das coisas – de uma essência, quiçá, permanente e, nesse sentido, *mortal* – através das diversas experiências particulares que se somam em nossas vidas, essência essa que jamais se revela por inteiro na experiência particular e individualizada, tenha afirmado

---

[5] Frase pronunciada por John Cage em uma de suas entrevistas no YouTube.

que "é porque a inclusão é intencional que é possível fundar o transcendente *no* imanente sem degradá-lo".[6]

Mas é também de certa degradação que se trata quando a música e o texto fazem uso da citação. Há, ali, certa fragmentação que é da ordem da desconstrução. Por certo que, como bem dizia Berio, "para ser criador, o gesto precisa destruir alguma coisa".[7] Sem que o tenha explicitado – o que era comum em Berio: referenciais múltiplos lançados ao mar –, o compositor italiano provavelmente reportava-se, *nascostamente*, a Gaston Bachelard, quando este afirma que "todo conhecimento tomado ao momento de sua constituição é um conhecimento polêmico; ele deve primeiramente destruir para dar lugar a suas construções".[8] Talvez não haja, pois, propriamente *destruição*, mas antes *desconstrução* permanente. Desconstruir é, então, uma operação

---

[6] "*C'est parce que l'inclusion est intentionnelle qu'il est possible de fonder le transcendant dans l'immanent sans le dégrader.*" Jean-François Lyotard, *La phénoménologie*. Paris: PUF, 1986, p. 30.

[7] "*Per essere creativo il gesto deve poter distruggere qualcosa.*" Luciano Berio, "Del gesto e di Piazza Carità", em: *Scritti sulla musica*. Torino: Einaudi, 2013, p. 35.

[8] "*Toute connaissance prise au moment de sa constitution est une connaissance polémique ; elle doit d'abord détruire pour faire la place de ses constructions.*" Gaston Bachelard, *La dialectique de la durée*. Paris: PUF, 2006, p. 14.

que pode legitimar construções significativas. A própria ideia, permanente, da Revolução nada mais é que isso. Mas se no corpo literário a intertextualidade – pois é disso que se trata – tem como recurso o estancamento do tempo e a interrupção da leitura, operação que permite ao leitor-interlocutor a busca e decifração de tais referenciais, no tempo escoado dos sons em uma composição musical todo recurso à citação é um convite a uma não escuta, ao estancamento do tempo e, talvez, à morte da própria música. Nisso as peças de Crumb, quando apelam a este recurso antes literário que musical, instauram, apesar de sua beleza, um problema. Pois ao contrário de fecharmos nossos olhos para uma entrega total à sensibilidade dos sons e de suas estruturas, temos um convite à suspensão da escuta e à atitude que nos coloca, de olhos bem abertos – e, portanto, vivos por um lado, mas mortos por outro –, diante de outra partitura, procurando desvendar as tramas intertextuais da citação. A rigor, não há mais ali música, mas *metamúsica*. Nesse sentido, a citação, em música, é sempre, mais que gesto polêmico, um ato no qual transparece certa falta de controle sobre os materiais. Permitindo-me uma autocitação, "a citação – apesar de na maioria dos casos resultar de um grande amor do compositor que cita pela obra citada – parece-me, paradoxalmente, uma traição – como uma infidelidade que o compositor pratica, como amante, com o objeto musical de seu próprio amor".[9]

Por outro lado, é inegável que mais pensamos do que ouvimos a grande obra musical que nos toca, e que, portanto, as operações intelectivas encontram aí certa legitimidade, mesmo se abnegando o plano concreto (mas sempre e sobretudo *abstrato*) do sonoro. As reverberações que a obra musical exerce sobre nosso espírito ecoam em um espaço-tempo muito mais amplo que aquele circunscrito ao momento preciso da audição. Nisso fundamenta-se o ato propriamente *escritural*, a *escritura*. Ele é processualidade, elaboração dos materiais, mas verte-se permanentemente em reflexão, e, por isso, toda *escritura* é permanente, em oposição ao caráter contingencial de toda *escrita*. Também por isso a escritura pode prescindir da escrita sem que deixe de se instalar o discurso musical. Consequentemente, destituir o tecido musical de conteúdo reflexivo é não reconhecer que aquela sensibilidade à qual nos entregamos no ato da escuta é ao mesmo tempo *ato* e *potência*, como que invertendo a fenda aristotélica: primeiro a *ação*, depois

---

9 Cf. Flo Menezes, *Riscos sobre música – Ensaios, repetições, provas*. São Paulo: Unesp Digital, 2018, p. 263.

a *elaboração*, ou, freudianamente, a *perlaboração*. Nisso reside o ato da *Invenção*, aquele Novo inaugural que se verte em potenciais desdobramentos ulteriores. Não à toa Beethoven, contrapondo-se aos proprietários da burguesia emergente, dizia de si mesmo – como bem lembra Adorno – que era um *Hirnbesitzer* – *proprietário de um cérebro*! Ele podia ensurdecer-se, certamente...

VS: Eu não veria essa peça de Crumb como um caso de "citação". Não creio que estejamos diante de uma operação de "citação" nesse caso. Pois citação é o uso do trecho de outro texto como confirmação de um raciocínio que você controla. A citação serve para referendar argumentos, para consolidar a unidade. Nesse sentido, ela não é um procedimento especial da escrita; ela é a própria essência da escrita. Toda escrita é habitada por citações, sejam elas explícitas ou implícitas. Pois toda escrita é "escrita a partir de". Escrevo a partir de outro texto, respondendo a outro texto, recuperando caminhos já abertos por outros textos. Por isso, o espaço da escrita é um espaço pleno, nunca um espaço vazio. Ele é campo de ressonância de textos que vieram antes e que podem estar explícitos ou implícitos.

O uso que Crumb faz da *Fantaisie-Impromptu* de Chopin não tem nada desta natureza. Stravinsky, quando compõe *Pulcinella*, faz toda a obra ser um jogo de espelhos com Pergolesi, mas também não se trata de citação. Mahler, quando faz as cordas tocarem *Frère Jacques* em modo menor na *Sinfonia nº 1*, também não faz citação. A música não pode citar porque não se trata de um encadeamento causal de argumentos. Esses procedimentos são outra coisa. São algo mais próximo do "contágio". Um contágio porque o que vem do exterior desestabiliza a forma, impõe-lhe um princípio de heteronomia. São corpos estranhos que recompõem, retroativamente, todo o sistema de relações que dão estrutura à obra. No caso de Crumb, Chopin aparece praticamente como uma "memória involuntária", para falar como Proust. Ela parece vir da decomposição da intencionalidade, como se emergisse em um momento de desatenção, como se estivesse a tocar uma peça e, de repente, o pianista parece involuntariamente desviar-se da partitura e começar a tocar outra peça. Mas essa "outra peça" que aparece reconfigura todo o sistema de relações, opera uma processualidade para frente e para trás.

Isto nos obriga, a meu ver, a pensar de outra maneira o que podemos entender por "compor", ao menos nesses casos. Você fala de "degradação" para se referir a certos processos literários na música, que acabam por produzir algo como uma "certa falta de controle dos materiais". Creio entender seu ponto, mas pergunto-me se a música não deveria ser, atualmente, uma certa forma de "prática da heteronomia". Pois a falta de controle da qual você fala parece-me reverberar o fato do plano construtivo ser, em certos pontos, deposto, ser atravessado por elementos que não controlo. Conhecemos a forma com que John Cage opera tais deposições da vontade do compositor, fazendo das obras espaços de construção de dispositivos que devem funcionar a despeito da vontade do compositor, do intérprete ou da audiência. É fato que a afirmação corriqueira de que boa parte das obras de Cage são conceitos fortes cuja realização normalmente não parece estar à altura das expectativas é algo que mostra certa forma de limitação de tais estratégias.

Mas há um outro caminho que me parece ser interessante. Ele parte do pressuposto de que, em nosso momento histórico, uma obra que fosse completamente composta, que fosse a realização consequente de seu próprio plano construtivo, não deixaria de ressoar o seu oposto, a saber, a realidade social que impõe controle absoluto de seus materiais, que se orienta em direção à eliminação de toda contradição imanente, todo antagonismo estrutural, para se colocar como sistema. Neste sentido, a música não deveria ser exatamente o lugar no qual tal ilusão se desfaz? E para tanto ela não precisaria colocar o compositor com a falta perpétua de controle de seus materiais?

Há uma bela análise de Ligeti a respeito de uma das *Sechs Bagatellen* Op. 9 para quarteto de cordas de Webern, a quinta peça, na qual ele compara o processo construtivo a uma aranha que tece uma teia. A metáfora foi muito bem escolhida, já que a Bagatela se inicia com intervalos de segunda menor para paulatinamente ampliá-los, como se fosse uma forma orgânica em princípio regular de expansão. No entanto, como bem lembra Ligeti, formas orgânicas se rasgam em certos pontos, não se completam, ou seja, sempre estão a lidar com a dimensão do heterogêneo, como se em algumas partes estivéssemos a perder o controle. Assim, por exemplo, a simetria de ampliação entre os campos harmônicos agudo e grave é quebrada ao final do sétimo compasso: para o alto, o campo amplia um grau a mais do que para baixo, como se a quebra da norma fosse elemento fundamental para a constituição da obra de arte.

Eu realmente me pergunto se a função atual da composição musical não seria exatamente esta, a de nos fazer perder o controle sem que isso implique perda de liberdade, dissociar liberdade e controle, liberdade e autogoverno, sendo uma prática da heteronomia. Eu acredito que peças como as de Crumb nos mostram o sentido desse caminho. Isto implica certa condescendência com o contágio, como a infecção entre formas que nada tem a ver com ecletismo, mas que tem a ver com a elaboração de um novo potencial utópico das obras.

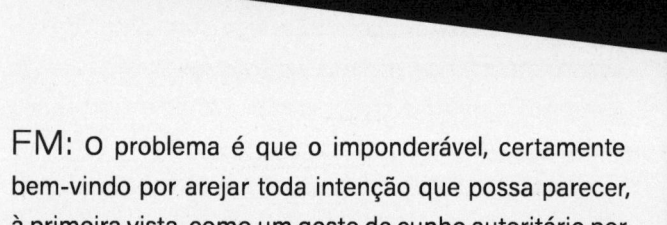

FM: O problema é que o imponderável, certamente bem-vindo por arejar toda intenção que possa parecer, à primeira vista, como um gesto de cunho autoritário por desejar exercer um controle absoluto, só pode emergir, em toda a sua autenticidade, justamente a partir do exercício do rigor da escritura. Do contrário, tratar-se-á de ilusão de liberdade, ato falacioso. Por tal razão, vejo a composição (e estendo aqui a toda Arte) como o lugar em que o criador deva procurar tomar consciência de seus processos o quanto puder – isto é, que deva, de certo modo, *controlar* sua obra. Só assim o imponderável brotará como de fato é: aquilo que escapa às nossas ponderações.

Sob tal viés, todo ato escritural é também um ato de *análise* e, em certa medida, aparentado com a *psicanálise*. Ora, não é a fala no divã do analista que faz brotar o imponderável e transbordar o inconsciente? Por tal razão sempre vi o Surrealismo – por mais que tenha constituído um movimento de suma importância no século xx, sobretudo do ponto de vista político, em sua aliança com o Trotskismo – como um *erro*. É, das vanguardas artísticas, certamente a mais problemática, porque parte de um engano: promover o inconsciente como instância primeira da criação, como se isto fosse possível. Mesmo que tenhamos contato com o que subjaz à nossa consciência e que psiquicamente nos constitui, só acessamos o que nos é interditado através da razão, e toda racionalidade opera uma transmutação do que se mostra involuntário. O subterfúgio de um John Cage, que não fala propriamente de "inconsciente", é o *acaso*. Mas trata-se da mesma imponderabilidade a que me refiro, e o que vemos é que ele acaba por defender a postura do compositor como um mero agenciador de estados naturais, denegando sua atividade: os sons é que são ativados "pelo que são". Por sorte, há invenções de grande frescor e interesse, mas a postura é tão inconsequente quanto a dos surrealistas: substitui-se apenas o inconsciente pelo acaso. Não se *assume* aquilo que se *faz*.

Nesse sentido, muito ao contrário do que Arnold Schoenberg afirma em sua *Harmonielehre* – "Arte é, em seu grau mais elementar, simples imitação da Natureza",[10] em eco ao lema de Sêneca: "*Omni ars naturae imitatio est*" –, parece-me que a Arte opera em sentido contrário ao da Natureza, e não à toa a raiz germânica de *Kunst* (Arte) está igualmente presente em *künstlich* (artificioso, artificial). É isto que interessou o poeta Friedrich Schiller quando, em uma carta a Goethe datada de 27 de março de 1801, reporta-se ao *System des transzendentalen Idealismus* de Friedrich Schelling, citando-o: "Na Natureza, inicia-se pelo inconsciente para se alçar ao consciente, enquanto na Arte, ao contrário, parte-se da consciência rumo à sua ausência".[11]

---

10 "*Kunst ist auf der untersten Stufe einfache Naturnachahmung.*" Arnold Schoenberg, *Harmonielehre*. Viena: Universal Edition, 1949, p. 13.

11 "*In der Natur [werde] von dem Bewusstlosen angefangen, um es zum*

Por outro lado, é certo que uma das marcas da criação é sua *intertextualidade*: com aquela invenção da obra, que lança ao mundo um Novo – o *ato* que reverberará em *potência*, na inversão da proposição aristotélica de que falei –, fala-se na verdade às outras obras que tecem essa espiralada "teia de aranha" à qual você se refere e que varre a história da Cultura, "tudo em nós exceto nosso presente",[12] como diria Roland Barthes. É a essa teia que se refere Ovídio – sobretudo no episódio de Aracne de suas *Metamorfoses* –, tecendo paralelo entre os versos que se escandem e os fios que compõem a teia de uma aranha: "Ali também se entrelaça nos fios o dúctil ouro e na teia borda-se uma história antiga".[13] É também ao texto como *tissu*, tecido, que se reporta o próprio Barthes em seu *Le plaisir du texte*, quando fala do sujeito que se perde em meio ao texto: "Perdido neste tecido – nessa textura – o sujeito nele

---

Bewusstsein zu erheben, in der Kunst hingegen [gehe man] vom Bewusstsein aus zum Bewusstlosen." Friedrich Wilhelm Joseph von Schelling apud Friedrich Schiller em Ulrich Konrad, *Mozarts Schaffensweise*. Göttingen: Vandenhoeck & Ruprecht, 1992, p. 389.

12 "*La culture [...] est tout en nous sauf notre présent.*" Roland Barthes, *Le plaisir du texte*. Paris: Seuil, 1973, p. 32.

13 "*Illic et lentum filis immittitur aurum et uetus in tela deducitur argumentum.*" Ovídio, *Metamorfoses*. São Paulo: Ed. 34, 2017, p. 320.

se desfaz, tal qual uma aranha que se dissolvesse ela mesma nas secreções de sua teia".[14] E em meio aos dois, temos ainda um Santo Agostinho, que nas *Confissões* faz referência à teia de aranha: "Vi linhas traçadas por artesão, delgadas como teias de aranha. [...] Cheguei também [...] ao conhecimento dos números".[15] Na última cena de minha ópera, *Ritos de Perpassagem*, faço eu mesmo minha teia e entrelaço essas passagens que se rebatem por séculos.

O problema da composição, quando entrelaça suas teias pelas vias de uma referencialidade explícita do tecido propriamente musical, é que, assim fazendo, opta por uma *textualidade*, e não por uma *intertextualidade*. Mas o textual não equivale ao intertextual. O domínio pleno do ato de escritura, nas trilhas da invenção, como que potencializa suas referencialidades implícitas. Explicitá-las, porém, é cessar o ato inventivo para desbotar o que a obra pode suscitar de abertura, pois seria induzir – aí, sim, de forma autoritária – a leitura a um sentido único da interpretação, voltado ao passado. Na "literalidade"

---

[14] "*Perdu dans ce tissu – cette texture – le sujet s'y défait, telle une araignée qui se dissoudrait elle-même dans les sécrétions constructives de sa toile.*" Roland Barthes, *Le plaisir du texte*, op. cit., p. 85.

[15] Santo Agostinho, *Confissões*. São Paulo: Paulus, 1984, pp. 279-80.

da citação musical, por mais que se consiga explicá-la no plano dos conceitos, opera-se uma fragmentação descontextualizadora do texto de origem que extirpa de um nexo semântico somente um membro, e aquela cápsula de sentido que emana da totalidade da obra citada é como que rompida. Junto com ela, rompe-se o elo da obra presente. Mais do que de "descontrole", o problema da citação musical está na ilusão de que o sentido motivador do gesto referencial possa ser instaurado no contexto da nova obra, mas a própria natureza temporal da obra musical se vê contrariada.

A música institui sua própria temporalidade. Ela não é, como em geral se afirma, uma arte *do* tempo. Deste ela faz apenas uso para que possamos dele nos esquecer. Quando Schopenhauer afirmava, na *Metafísica do belo*, que a arte "retira o objeto de sua contemplação da torrente do curso do mundo e o isola diante de si",[16] já não seria isso a própria Utopia? Toda música é um convite a um *topos* de uma Utopia. E como isto tem a

---

[16] A passagem encontra-se em: Arthur Schopenhauer, *Metafísica do Belo*. São Paulo: Unesp, 2003, p. 59; mas também, do mesmo autor, em: *O mundo como vontade e como representação*. São Paulo: Unesp, 2005 p. 253; e, no original em alemão: "[*Die Kunst*] *reißt das Objekt ihrer Kontemplation heraus aus dem Strom des Weltlaufs und hat es isoliert vor sich.*" *Die Welt als Wille und Vorstellung*. Hamburgo: Nikol Verlag, 2014, p. 200.

ver com Lévi-Strauss! Na Abertura de *O cru e o cozido*, este profere uma das mais contundentes definições do tempo musical:

> Tudo se passa como se a música e a mitologia só precisassem do tempo para infligir-lhe um desmentido. Ambas são, na verdade, máquinas de suprimir o tempo. Abaixo dos sons e dos ritmos, a música opera sobre um terreno bruto, que é o tempo fisiológico do ouvinte; tempo irremediavelmente diacrônico porque irreversível, do qual ela transmuta, no entanto, o segmento que foi consagrado a escutá-la numa totalidade sincrônica e fechada em si mesma. A audição da obra musical, em razão de sua organização interna, imobiliza, portanto, o tempo que passa; como uma toalha fustigada pelo vento, atinge-o e dobra-o. De modo que ao ouvirmos música, e enquanto a escutamos, atingimos uma espécie de eternidade.[17]

---

17 Claude Lévi-Strauss, *O cru e o cozido*. São Paulo: Cosac & Naify, 2004, p. 35.

Esta porção de tempo que constitui a obra institui em si uma *sincronicidade dinâmica* – aos moldes do que definira Roman Jakobson para as línguas: estruturas diacrônicas que são encapsuladas como um todo sincrônico portador de significado –, e os elementos estruturais que constituem a escritura estabelecem nexos que lhes dão sentido na trama da linguagem. Extirpar um desses elementos é desconsiderar o nexo que motiva sua emergência no fluxo temporal circunscrito da obra musical com sua própria sincronia dinâmica, e aquele vaso da eternidade é arremessado ao chão.

Nesse sentido, proporia uma relativa inversão de tua hipótese: não seria a função atual da música justamente a de exercer não a perda de controle, mas *o próprio controle sem que isto signifique a perda de liberdade*? Pois o caminho inverso – abrir mão do controle e almejar a própria liberdade – me parece, em essência, tautológico.

VS: Acho que há duas questões fundamentais aqui que acabam por se entrelaçar: uma, referente a quem de fato compõe; e outra, sobre o que significa efetivamente a temporalidade musical. Eu gostaria de começar pela segunda a fim de alcançar a primeira. Ao final, eu gostaria de tentar deixar mais claro o tipo de experiência de liberdade que creio ser imanente à música hoje.

Acho que você foi muito feliz em trazer a citação do Lévi-Strauss. Eu particularmente não poderia ser mais contrário a ela. O tempo musical não é o tempo mítico, ao menos não no sentido que Lévi-Strauss pressupõe, ou seja, dinâmicas de combinatória a partir de um jogo posicional entre elementos de base que estabelecem, quase de forma transcendental, as possibilidades de relações, de interdições e de sínteses. É difícil para mim não concordar com Paul Ricœur quando fala desse estruturalismo como um "kantismo sem sujeito transcendental", ou seja, como uma determinação de condições prévias de possibilidade que exclui a necessidade de uma agência de redimensionamento estrutural dessas próprias condições de possibilidade. Não por outra razão, Lévi-Strauss será aquele que dirá: "Não são os homens que pensam nos mitos, são os mitos que pensam nos homens e à sua revelia. Mais ainda, talvez devamos dizer que os mitos se pensam entre si".[18]

---

[18] Claude Lévi-Strauss, *L'origine des manières de table*. Paris: Plons, 1968, p. 20.

O tempo musical – e isto acho que vale de forma explícita desde Beethoven (a tópica adorniana do "estilo tardio" funciona muito bem neste contexto) – é um tempo de emergências de rupturas de estrutura, um tempo a meu ver radicalmente distinto dessa "máquina de suprimir o tempo" da qual fala Lévi-Strauss. A única peça que consigo pensar como próxima desse estruturalismo estrito é *Structures*, de Boulez. Mas mesmo quando, na *Troisième Sonate*, o tempo musical parece dar espaço à decomposição de suas estruturas, ele o faz de forma, a meu ver, problemática, pois pensada sob a forma de um acaso localizado e limitado. Eu acho problemática do ponto de vista da expressão musical. Pois a expressão musical está, a meu ver, radicalmente vinculada à emergência de acontecimentos que, do ponto de vista da estrutura, são impredicados e que funcionam como processos históricos em miniatura. O tempo musical se expressa na maneira com que exigências expressivas decompõem formas ou ainda na maneira com que formas se autoengendram sem nenhum esquema prévio a colonizar a audição através de esquemas de causalidade do tipo antecedente/consequente ou tensão/resolução. Algo que Adorno procurou tematizar com seu programa de uma *música informal*.

Neste sentido, eu realmente nunca poderia concordar com a ideia de que a música só precisa do tempo para infligir-lhe um desmentido. Eu entendo que a experiência fenomenológica da escuta musical produz certa forma de suspensão do tempo. A imersão da atenção na fruição musical anula a consciência do transcorrer do tempo cronometrado. Mas isto é próprio, a meu ver, de toda atividade na qual a espera e a expectativa não desempenham mais o papel de vetores temporais, como escrever, contemplar, amar. Isto não é exclusivo da música. A meu ver, é próprio da música reconstruir a noção de movimento, retirando-o de uma dinâmica de potência/ato para abrir-lhe em direção à integração retroativa de acontecimentos.

Digo isto para chegar na relação entre composição e controle. Você diz que o imponderável só pode emergir de um exercício de rigor da escrita. Creio que sua colocação aponta para a necessidade do rigor quebrar toda pretensão de naturalidade da linguagem musical dada. Eu entendo "rigor" nesse contexto como exigência de não aceitar que os modos de relação e síntese sedimentados como "segunda natureza" pelo estado atual da linguagem musical sejam aceitos como algo não problemático e intransponível. Como se a construção máxima permitisse enfim nos liberarmos das marcas de uma "linguagem natural" totalmente reificada. Falar isto em um país como o Brasil, que se compraz na ilusão de que sua música brota "naturalmente" (mesmo Villa-Lobos comparava o ato de compor a fenômenos naturais como uma "catarata") tem um efeito civilizador, reconheço.

Mas creio que, mesmo aceitando que só acessamos o inconsciente através da razão, faltaria perguntar-se o que acontece ao que entendíamos por "razão" depois que algo como o inconsciente se mostra inexorável. Essa razão não é mais a "capacidade de dar e receber razões" ou a "capacidade de se orientar no pensamento", mas o reconhecer a obra como campo de emergência de processos, forças, memórias que nos despossuem. A verdadeira força nunca foi um controle, mas a tranquilidade em postar-se diante do incontrolável e se sentir bem. A grandeza de obras como o Adagio da *Sonata nº 31* Op. 110, de Beethoven, em especial de seus primeiros compassos, vem dessa afirmação da perda de controle como condição de outra forma de soberania. Há de se ouvir o drama de uma obra que erra, que suspende, que se quebra até começar como um *arioso*. Era isso que eu tinha em mente.

FM: Mesmo os mitos podem – e devem! – ser *historicizados*, como diria de modo tão pertinente um Roland Barthes em *Mitologias*, e nesse sentido acho problemático circunscrever a visão de Lévi-Strauss acerca dos mitos a esquemas como que intransponíveis. Seria o mesmo que incorrer no erro de impingir à visão freudiana certa limitação quando, em sua concepção, as manifestações das artes são vistas como formas de sublimação libidinal. Elas são mesmo! Mas são também – e principalmente – mais que isso, e certamente a dinâmica dos jogos de linguagem institui especificidades que demandam um foco (ou desfoco!) muito mais "especializado" para deles nos darmos conta – muito para além (ou para aquém?) dos mitos ou da libido.

Quando evoquei a passagem de Lévi-Strauss é sobretudo no que ela se relaciona com a asserção de Schopenhauer que me chama especial atenção, pois ambos se referem à temporalidade da música como destinada às suas próprias tramas, sem o elo denotativo que tanto tipifica a linguagem verbal, por exemplo. É dessa teia da escritura que falavam Ovídio, Santo Agostinho ou Barthes. É nesse sentido que podemos mesmo afirmar, com Roman Jakobson, que a música é uma *semiosis introversiva*: ela institui suas próprias referencialidades que são enunciadas na "síntese simultânea" (outro termo jakobsoniano, agora relativo à própria verbalidade, mas que serve igualmente à enunciação musical) de suas formulações, necessariamente circunscritas em um tempo finito. E em que consiste esta *síntese simultânea*, também batizada de *sincronia dinâmica*? Tanto com relação à verbalidade quanto com relação à obra musical, há uma operação intelectiva de *sincronicidade* (Husserl falará de *Retention*) que confere sentido a uma dada diacronicidade, pois do contrário todo som suceder-se-ia a outro no escoamento do tempo diacrônico e tudo se perderia, com a distinção de que, na música, este todo sincrônico-diacrônico não apela inexoravelmente a significados exteriores a seus próprios contextos enunciativos. Reconhecer esta *sua temporalidade* não implica, contudo, deixar de reconhecer seus rebatimentos, tanto interna quanto externamente à obra musical. As obras musicais se rebatem, certamente. Mesmo sendo um sistema semiótico voltado à sua introversão e que se basta em si mesmo sem recorrer a significados que lhe sejam exteriores, a música, como toda grande arte, tem na *inter* e na *transtextualidade* seus veículos mais profícuos de significação. Uma composição é toda referencial; um simples intervalo pode evocar todo um contexto histórico de desenvolvimento de sua linguagem. Pensemos, por exemplo, no intervalo de Quinta no terceiro ato de *Wozzeck*, de Alban Berg: ele evocava, ali, toda a agonia do sistema tonal que vinha vigorando por três séculos! Berg tinha plena consciência deste potencial de remissão quase metonímico, na música, de um fragmento a um todo significante, e quase faz de um mero intervalo um personagem.

Mas é justamente por este poder evocatório e intrinsecamente referencial que, quando procura "literalizar" sua referência (pelas vias da citação), a música se faz mais literatura que propriamente linguagem musical, violentando-se a si mesma, na medida em que toda referencialidade, na composição, ampara-se naquela sua temporalidade contextual que "encapsula", sem perder seu dinamismo, o *sentido* de sua formulação diacrônica: o todo diacrônico ganha e faz sentido quando aquela parcela de tempo que molda a formulação da obra musical é justamente entendida em sua abstração do tempo do mundo, e é nesse sentido que o Tempo ontológico é fustigado pela toalha ao vento da música, que, nesse sentido, o "desmente".

E é também aí que se vive a utopia libertária da composição, pois não é mais desse mundo de que se fala, é da obra, com sua autonomia temporal. Nesse sentido, sou obrigado a me antepor ao que você afirmou e dizer que a música se distingue sobremaneira de uma mera contemplação, da escrita literária (que se dá em tempo sempre diferido, podendo estancar-se quando se deseja), ou mesmo do ato de amar, cuja temporalidade anseia justamente uma indefinição, uma infinitude. A música sim é eterna enquanto dura, até mais que o amor. A composição, se anseia esta "imortalidade" à qual faz alusão um Lévi-Strauss – apelando ao momento de sua fruição –, assim o faz não na indefinição de sua temporalidade ou deste seu anseio, mas, ao contrário, justamente definindo-a na circunscrição mesma da obra. E aí você tem razão: o "vetor" temporal, para usar teu termo, é na música, então, essencial. Já em meu *Apoteose de Schoenberg*, eu definira: "Escutar é ouvir direções".[19]

Nada disso implica, entretanto, rigidez da forma. Se esta – e não a fôrma – é evocada na composição, ela o é sempre em contraposição dialética com todas as suas constituições passadas – origem, aliás, do termo *material musical* em Adorno –, e na radicalização desta suspensão diante de si mesma é que podemos compreender a propositura adorniana por certa *informalidade*, à qual você se refere. E aí concordo de novo com você, quando você atenta para os *erros* com os quais a

---

[19] Cf. Flo Menezes, *Apoteose de Schoenberg*. São Paulo: Ateliê Editorial, 2002, p. 31.

música, cometendo-os, subverte, suspende, contraria e surpreende o curso de sua própria "evolução". Pois são sobretudo os *desvios* – uma forma de erro, aos olhos dos normativos – que impulsionam a roda da linguagem e instituem o *Novum* que é o motor de toda invenção, sem a qual a música deixa de ter, justamente, "sentido" para então apenas repetir-se. Não é, pois, da ausência de controle que se trata quando se inventa, nem da ausência de vetores ou de direcionalidades, mas antes da irreverência que dribla e destoa, que desperta a sensibilidade contra todo risco de dessensibilização típica dos processos sedimentados, normatizados e vertidos em regras, cujas formulações se fazem necessárias apenas para que sejam justamente desobedecidas.

A música radical não desmente apenas o Tempo, desmente também seu próprio processo de cristalização.

VS: Acho muito pertinente você ter levantado essa questão relativa à autonomia temporal da música. Ela é, de fato, fundamental para pensarmos qual o sentido da experiência musical. Se nós aceitarmos aquela definição de Eduard Hanslick sobre a música como "formas sonoras em movimento",[20] eu tendo a concordar contigo quando você fala do tempo musical como abstração em relação ao tempo do mundo. Uma abstração ativa, pois nega deliberadamente não exatamente o tempo do mundo, mas o tempo da produção e do consumo que procura submeter todas as múltiplas dimensões de nossas formas de vida. Insistiria nessa distinção porque o tempo do mundo, bem, esse é um tempo múltiplo, de colisões, acontecimentos, fluxos, inversões. A música só poderia lutar para recuperar esse tempo, pois é o cerne das experiências que nos levam a compor. Sempre tive a impressão de que compor era tentar liberar o tempo do mundo, isso no sentido de retirá-lo de sua colonização domesticadora que, exatamente através de dispositivos como a música sem força de criação, impôs-se com suas estruturas de estereotipia, de repetição e desenvolvimento controlados, de tensão e distensão.

Talvez aí tenha certa diferença entre nós. Se entendo bem, você aponta para a necessidade de a obra impor-se como espaço privilegiado de uma *semiosis introversiva*. Isto implica certos dispositivos de purificação em

---

[20] Eduard Hanslick, *Do belo musical – Um contributo para a revisão da estética da arte dos sons* (1854). Covilhã: Universidade da Beira Interior, 2011, p. 41.

relação a referencialidades que poderiam vir de campos exteriores à instauração musical. Daí a impressão que tenho de que seu uso da noção de "abstração do tempo do mundo" tem algo de uma defesa da autonomia como autolegislação da forma, como autorreferencialidade da própria forma. O resultado necessário é compreender todos os processos de literalização como uma violência, como um devir de literatura da música que só poderia desviá-la de sua verdadeira natureza, que é elevar a força da recusa ao máximo.

Eu não teria como deixar de admirar a consciência do gesto que você propõe e sua necessidade. Nesse sentido, eu chegaria a dizer, se você me permite, que há algo aqui de muito compreensível do ponto de vista de nossa posição brasileira. Pois acredito que isto, "posição brasileira", não deva ser compreendido como algum certificado de pertencimento a um espaço geográfico ou a um conjunto pretensamente privilegiado de materiais. Mas creio que há uma transmissão de problemas que nos marcam. Um deles é essa forma de pensar o uso da abstração, como quem está diante de um gesto instaurador e de distinção, capaz de suspender a ordem de um tempo morto a fim de abrir o espaço ao que levanta os pés do solo para se afirmar. Há uma história da modernidade estética brasileira que tem esse elemento como seu motor principal. Ela está presente na arquitetura, nas artes visuais e, se me permite, creio que está também em tua música. Ela é expressão daquilo que Mário Pedrosa entendia como a força instauradora do modernismo brasileiro.

Nesse sentido, tal autorreferencialidade tem uma clara conotação política. Ela consiste em instaurar outra ordem capaz de produzir novas formas de sensibilidade. Uma reconfiguração da sensibilidade que é condição para toda e qualquer forma de transformação. Daí por que o tempo, a forma fundamental da nossa sensibilidade, aparece como o eixo do nosso debate aqui.

Mas eu insisto na existência de outras estratégias que devem também serem levadas em conta. Elas passam por uma concepção de autonomia que não é exatamente autolegislação e autorreferencialidade, mas que é uma forma de abertura para forças e materiais que obrigam a obra a aparecer como um sistema de atravessamento dos múltiplos tempos do mundo. Creio que a música pode fornecer uma imagem de forte teor indutor a respeito do que pode ser essa outra concepção de autonomia. Veja um exemplo: *Vortex Temporum*, de Gérard Grisey. Trata-se de uma bela obra que não poderia entrar nessa noção de *semiosis introversiva*. Sua estrutura tem, inclusive, uma clara referencialidade mimética. Em certo momento, ela mimetiza o tempo natural das baleias; em outro, da respiração humana e dos insetos. Ao mesmo tempo, como você sabe melhor do que eu, a peça expõe claramente a referência às estruturas senoidais do espectro sonoro. Como se o mundo físico e o mundo orgânico pudessem ainda servir de referência a um certo "naturalismo" musical. Só que esse não é um naturalismo de imagens da natureza, mas da liberação de processos imanentes aos fenômenos naturais que, ao ganharem autonomia, tornam-se forças de composição das obras, sem medida comum com o que podemos encontrar na experiência trivial do tempo imposta a nós. É a natureza como força produtiva do tempo do mundo.

FM: Indubitavelmente a música, com toda sua introversão e tecnicidade, não deixa de falar ao mundo que lhe é, em certa medida, "exterior". Mesmo na obra mais voltada aos meandros internos da linguagem musical – e penso aqui, paradigmaticamente, na música de Boulez, oposta, sob este aspecto, à de Stockhausen, que se pronuncia voluntariamente como uma música do Cosmo –, há crassas evidências de que a própria postura do compositor diante do mundo, refletida no modo como dispõe seus materiais sonoros em suas obras, adquire conotações, diríamos, "extramusicais". Na grande obra, há sempre certa dimensão semântica que a projeta no palco das significações do mundo, isto sem falarmos de obras que, sem deixarem de ser radicais em suas especulações as mais profundas com relação a elementos técnicos da música, imbuem-se de caráter francamente, explicitamente, *engajado* – penso, aqui, precisamente numa obra monumental como *Coro*, de Berio. E mesmo do ponto de vista existencial, é irrevogável a associação da grande obra musical a alguns dos aspectos mais avançados do pensamento filosófico e científico de seu tempo, e mesmo de outros – isso porque nosso tempo tem tanto de outros, nessa contínua espiral dos redizeres...

A música contemporânea, sobretudo a partir da experiência radical do serialismo integral dos anos 1950 e da emergência das poéticas eletroacústicas, é certamente a que mais fala à contemporaneidade das ciências, em especial no que diz respeito à relatividade dos tempos e à simultaneidade de vivências múltiplas, de acontecimentos díspares e que correm em paralelo, sem o enquadramento lógico e preponderantemente linear dos séculos que precederam o século xx. Uma obra como *Der Jahreslauf* (*A corrida dos anos*) de Stockhausen, por exemplo, com suas quatro camadas de acontecimentos ocorrendo em simultaneidade e com temporalidades absolutamente distintas, encontra paralelo direto com a física einsteiniana; minha própria obra *Pulsares* (1998-2000), ou sua versão puramente (me sinto mal ao usar esta palavra) eletroacústica, *Harmonia das Esferas*, estabelece diálogo metafísico com a cosmologia e com o pitagorismo, algo que irá ser levado às últimas consequências na NeutrinÓpera *Ritos de Perpassagem* (2018-19), que entrelaça, para além de seu aspecto político, os *ritos de passagem*, o *pitagorismo* e os *neutrinos*. Por certo que, neste último caso, há todo o contexto semântico do "enredo" operístico que serve de esteio às divagações "extramusicais", mas mesmo quando a obra é puramente (o advérbio de que não gosto, novamente...) instrumental, o compositor está sempre voltado a alguma reflexão sobre o mundo de sua vida, sobre sua *Lebenswelt* (para usarmos o termo de Husserl). Permitindo-me ainda uma breve incursão em minhas próprias elaborações, uma obra que se insere no terreno da escritura pianística, tal como *Gefäß des Geistes* (2011), na qual estabeleço intertextualidade com aspectos da escritura schumanniana para piano, parte de sua concepção de *forma*, tão confrontada com os processos temporais da escritura e tal como por ele formulada *en passant* em seu texto sobre Berlioz: "A forma é o receptáculo do espírito".[21] Aqui estamos falando do *Geist* que preenche o vazio deste vaso da matéria, e até podemos nos remeter a Lao-Tsé: "Um vaso é moldado pela argila, mas é do vazio interno que depende o seu uso".[22] A forma (musical) nada mais é que uma maneira de sustentar, no âmago da matéria (do material sonoro), o preenchimento empreendido pelo pensamento abstrato. Processualidades.

Não há, portanto, propriamente "autolegislação" – para usar teu termo –, ainda que seja de intrarreferencialidades de que estejamos falando. A linguagem musical rebate-se em si mesma para reverberar para fora de si, deixando que, dentro dela mesma, entrem em sintonia aspectos pensantes que constituem instâncias diversas do pensamento e dos comportamentos, para dentro e para fora dos sons. Há irrevogavelmente um *ethos* a ser assumido pelo artista, e suas formulações sonoras instituem uma ética diante dos sons e do mundo. E nesse

---

[21] *"Die Form ist das Gefäß des Geistes."* Robert Schumann, "Sinfonie von H. Berlioz", em: *Schriften über Musik und Musiker*, Stuttgart: Reclam, 2009, p. 34.

[22] Cf. também em: Lao-Tsé, *Tao Te King*. São Paulo: Hemus, 1983, p. 39.

sentido preciso, toda obra é, concordo contigo, ação eminentemente *política*. Creio mesmo que seja desse aspecto que você fala quando se reporta à fundamental importância deste "culto à sensibilidade" promovido pelo artista radical, algo em que insisti em meu ensaio sobre a surdez de Beethoven.[23]

Portanto, ainda que a música tenha em sua própria teia intertextual o alimento de suas enunciações – mais que o alimento, seus próprios instrumentos –, decididamente de "purificação" é que não se trata! Introverter-se em uma *semiosis* não significa fechar-se ao mundo. Ao contrário, é na radicalidade desta *intertensão* – tal como costumo chamar a postura do compositor e da escuta que se opõe ao raso entretenimento – que os vasos comunicantes entre o que está fora e o que está dentro da tecnicidade musical circulam seus sentidos. Portanto, a música maximalista, enquanto projeto *estésico*, não é desligamento do mundo, nem tampouco nele qualquer "inserção", como se dele estivesse fora: é simplesmente (advérbio pelo qual tampouco tenho apreço) um *topos da Utopia*, palco de prazeres, de reflexão e de resistência à *anestesia* do mundo administrado.

---

[23] Cf. Flo Menezes, "O blefe de Beethoven ((Psic)análise da *Nona Sinfonia)*", em: *Riscos sobre música*. São Paulo: Unesp Digital, 2018, pp. 39-45.

Fica a intrigante dúvida acerca do caráter "nacional" a que você se refere... Se a própria introversão da linguagem musical não deixa de expandir-se ao tempo do mundo, de onde extrai originariamente sua porção temporal, como validar qualquer circunscrição que possa delimitar uma modernidade "à brasileira"? Te provoco! Pois assim como os estilos, tampouco as nacionalidades devam ser pensadas; são como pertences do inconsciente: se brotarem, o farão não propriamente à nossa revelia, mas sem que deles nos ocupemos.

VS: Creio que, de certa forma, estamos falando de processos convergentes. Acho que nenhum de nós tem uma visão primária da autonomia da forma musical, embora entendamos que ela é absolutamente necessária como estratégia crítica. Como estou falando também por você, corrija-me se eu estiver errado. Pelo menos no que me diz respeito, tento insistir em dois aspectos que me parecem fundamentais para a produção estética contemporânea. Primeiro, que autonomia não é purificação, recusa do mundo, retorno para dentro de si, como certa crítica sociológica da arte nos quis fazer acreditar (Bourdieu à frente, mas também poderia lembrar dos momentos menos inspirados de Lukács e da crítica estética de orientação marxista, fora a Escola de Frankfurt e Rancière). Acho que os exemplos que você traz são bastantes explícitos nesse ponto. A questão fundamental é saber qual o ponto de conexão entre a produção estética e a produção do mundo. A obra recusa o tempo, o espaço, o ritmo, a pulsação, a disposição hegemônica do mundo social porque ela compreende tal adesão como capitulação de sua força de instauração e de sua força crítica. E ela não faz isso em nome da recuperação de alguma experiência originária a ser resgatada, de alguma forma comunitária a ser revivida. Ela faz isso em nome de uma imagem de mundo que virá, de um mundo que pode ser paradoxalmente produzido através da escuta do que recusa as formas do mundo social. Talvez tenhamos algumas divergências em relação às estratégias de produção de tal imagem, mas percebo um horizonte realmente comum entre nós.

Neste sentido, quando falei de "posição brasileira", não estava pensando em absoluto em alguma forma de "caráter nacional". Também não vejo sentido algum em mobilizar alguma forma de modernidade à brasileira, até porque não acho que exista algo dessa natureza. Mas acho sim que há algo como "processos periféricos" dispersos globalmente que, de certa forma, se equivalem. Adorno já falava sobre isso quando tinha em mente a música de Bartók. Não lhe parecia que nenhuma forma de articulação com materiais populares teria a possibilidade de ter força semelhante em países centrais no que diz respeito aos modos de reprodução do capitalismo global. E creio que a colocação tem sentido. A ideia de que o impacto retardatário e quebradiço da abstração geral da forma-mercadoria na periferia do sistema permitirá certas operações que não teriam sentido fora desse horizonte periférico não me parece de todo ruim.

No caso brasileiro, acho que o processo se deu de forma distinta. O que acho mais interessante, porque recursos como os de Bartók eram possíveis em um momento histórico bastante específico, anterior à consolidação da indústria cultural. Falar em "material popular" hoje seria apenas uma forma de impostura muito em voga na boca daqueles que há muito perderam de vista a importância do que poderia ser crítica cultural. Falar em "material popular" ou "forma nacional" em um horizonte no qual é a indústria cultural que organiza, faz circular e produz os populares e as nacionalidades é apenas servir-se da gramática daqueles que nos oprimem como pretensa forma de luta contra a própria opressão.

Mas se posso falar que, no caso brasileiro, algo distinto ocorreu, é devido a esse desejo de instauração, no limite da loucura, que nos marca, ou que marca ao menos um setor de nossa produção artística. Ele cria uma "dialética rarefeita entre o não ser e o ser outro"[24] da qual falava Paulo Emílio Salles Gomes que, longe de uma experiência deficitária, pode aparecer como força estética. Como disse anteriormente, isto não tem nada a ver com alguma forma de fidelidade a caráter nacional, mas se refere a um tipo específico de operação periférica na qual se mistura violência e instauração e que, ao menos no campo estético, produz experiências maiores. Algo similar aconteceu nos primeiros anos da Rússia soviética, mas em um contexto revolucionário que nunca existiu no Brasil sob essa mesma forma. De certa maneira, tivemos a criação estética sem a força propulsora da transformação social, ou com essa força travada. Algo bem brasileiro, diga-se de passagem.

Do Brasil, eu sempre lembrarei do medo do informe que assombra certo imaginário nacional, da possibilidade de inverter esse medo em paixão pelo desfibramento. E lembrarei dessa mistura de violência e instauração

---

[24] Paulo Emílio Salles Gomes, *Cinema: trajetória no subdesenvolvimento*. São Paulo: Paz e Terra, 1996, p. 90.

(bem, sou alguém que cresceu em Brasília, isso já diz alguma coisa) que, quando transposta para o plano estético, pode criar obras, processos de grande força.

FM: Ainda que entenda e concorde contigo, quando você aponta como tipificadora da produção artística a evocação de uma "imagem que virá", pergunto-me se a grande obra de arte vive mesmo dessa evocação futura, talvez temporalmente impossível de ser determinada, ou se, ao contrário, não assume, em seu próprio tecido, esta imagem radical que existe nela mesma! Em termos aristotélicos, pergunto-me se a obra não existe já *em ato*, mesmo que exista também *em potência*. Por certo que toda obra inventiva – e o Novo é uma *conditio sine qua non* da grande obra artística, esteja onde estiver (na técnica, na ideia, na forma, no gênero...) – aponta para o futuro e lança sua garrafa ao mar, mas, se ela assim o faz, é pelo poder propriamente *presente* de suas formulações, ainda que estas estejam confinadas à própria obra em que emergem. Dito de outro modo, certamente toda obra radical, que mergulha em suas raízes inventivas para deflorar novas formulações, carrega em si certo caráter claramente *utópico*, mas, ao fazê-lo, ela institui um *topos concreto*, um lugar: o lugar de seu *gozo*.

Sei que estou sendo aqui ao mesmo tempo blochiano e barthesiano. Pois se aquilo que ainda não tem lugar pleno é também sonho, Ernst Bloch nos ensinava que o ponto de contato entre a vida e o sonho se dá justamente através da função ou da capacidade utópica (*utopische Kapazität* ou *Funktion*), sem a qual o sonho verte-se em utopia abstrata e a vida, em trivialidade. Ao criarmos, instituímos, assim, *utopias concretas*: zonas de prazer e de gozo – a *jouissance* estética de que falava Roland Barthes –, nas quais e a partir das quais *perlaboramos* nossos afetos e significados, além de desenvolvermos nossas técnicas. É nesse sentido que Bloch fala, reportando-se à função utópica, de algo que é "transcendente sem transcendência".[25] Vejo a obra inventiva, pois, como uma *Utopia tópica*.

Desta feita, a garrafa lançada ao mar, destinada a um corpo social mais alargado, não impede que parte substancial de seu conteúdo – talvez ele todo – deixe de circular já no presente, pois como bem observava Adorno,

---

[25] "*Eine transzendierende [Funktion] ohne Transzendenz*". Ernst Bloch, *Das Prinzip Hoffnung*. Frankfurt am Main: Suhrkamp, 1985, p. 166.

"até o discurso mais solitário do artista vive do paradoxo [...] de falar aos homens".[26] Aquilo que parece, pois, desejo "periférico", já que deslocado do lugar e do tempo de sua ação, não deixa de existir no próprio exercício da criação e em sua interlocução, por mais restrita que esta possa parecer e que de fato seja.

E esta mesma discussão entre o lugar e o deslugar se dá não apenas na própria obra, mas também no meio social e político no qual ela emerge. Nesse sentido, recuso-me a falar de "centro" e de "periferia". Estaria Bartók procurando trazer ao centro europeu a música "periférica" das aldeias da Europa oriental? Ou ele ali se certificava de uma riqueza de formulações autenticamente *populares* – e não "popularescas", como ele mesmo dizia ao se reportar aos produtos da sociedade de consumo e àquilo a que associamos o conceito adorniano de indústria cultural – que lhe proporcionavam verdadeiro *gozo estético*? Não creio que Bartók, nem mesmo por um segundo, aventasse a hipótese de que se tratasse de algo "periférico", da mesma forma como Lévi-Strauss

---

26 "*Denn noch die einsamste Rede des Künstlers lebt von der Paradoxie, [...] zu den Menschen zu reden.*" Theodor W. Adorno, *Philosophie der neuen Musik*. Frankfurt am Main: Suhrkamp, 1975, em: *Gesammelte Schriften*, Band 12. Frankfurt am Main: Suhrkamp, 1986 / Berlin: Directmedia (Digitale Bibliothek Band 97), 2003, GS 12, 28-9.

sacudiu o eurocentrismo quando, ao voltar do Brasil, e após conviver com os Bororos, pronunciava-se pela superioridade, sob muitos aspectos, das sociedades indígenas sobre o *modus vivendi* europeu.

Nesse sentido, não me resta outra alternativa a não ser rir quando, diante de um europeu, sou classificado como um compositor que faz música "brasileira", ou questionado por supostamente fazer uma música "europeia", como se eu fosse um alienígena ou um aborígene de origem exótica que estivesse ali a usurpar o tesouro Ocidental. Esta discussão, para mim, utiliza-se de um instrumental ele mesmo colonizador, do mesmo modo que, assumindo-se como criador de certa "brasilidade" – como o fazem os compositores que se proclamam "nacionalistas" –, dá-se a mão à palmatória de certa condição culturalmente escravagista.

Nego-me, pois, a discutir em termos de "periferia e centro". A humanidade, por séculos, acreditou que a Terra era o centro do universo. A ciência revelou que de centro não temos nada. Provinciano do europeu que se pronuncie como o centro da Cultura humana! E há tantos! Eles nada mais fazem que circular ideias, e se as ideias ali circulam com mais força colonizadora, é porque as condições de exploração econômica e do trabalho humano, estas sim, são centralmente localizadas nos países imperialistas, para exportarem à "periferia" do mundo a miséria e a fome. Este é o foco de nossa militância: a destruição de centros de poder econômico. Culturalmente, já estamos desapropriando as ideias desde que temos cérebros, e devemos continuar a fazê-lo.

Quando você postula a dialética entre o que seria presumivelmente "periférico" e o que seria "central", por certo o faz com a visão crítica e emancipatória do pensamento agudo que brota na zona desta... "periferia". Mas não seria então o caso de abdicar justamente de tais noções?

VS: Acho que há uma sobreposição de problemas aqui. Não me parece que a questão seja a respeito de um uso da dialética entre centro e periferia para a compreensão direta da produção cultural, o que só poderia produzir problemas semelhantes ao que você descreveu. Mas não faria sentido algum ignorar o peso das relações centro/periferia na constituição do espaço econômico e suas dinâmicas de produção. Os processos de circulação do

Capital, suas diferentes lógicas de acumulação, os arranjos produtivos diversos, as inserções dependentes: não há como abstrair as diferentes territorialidades que tais fatos socioeconômicos produzem. Há inserções subalternas na ordem capitalista, há inserções retardatárias, há subdesenvolvimento, preservação de arcaísmos, articulação entre arcaísmo e alta conexão que reproduz, em condições "de laboratório", modos de vida dos núcleos centrais do capitalismo. Bem, não creio que você não leve isso em conta.

Por isso, insistiria que podemos e devemos sempre nos perguntar como as articulações imanentes ao desenvolvimento socioeconômico do capitalismo interferem na produção artística, definindo suas tensões e problemas. Isso marca campos de problemas e estratégias e realmente não vejo como poderíamos deixar de levar isso em conta.

Note que o que digo nada tem a ver com afirmar, por exemplo, que as músicas de aldeias da Europa Oriental seriam "periféricas", o que nesse sentido só poderia significar "secundárias", "subalternas", "mais simples que...", "primárias" e outros adjetivos valorativos depreciadores. Mas trata-se de dizer que a configuração territorial do capitalismo e outras dinâmicas sociais interferem no estado dos materiais a que um compositor tem acesso, interferem na perspectiva que se impõe a um compositor diante dos materiais. Por mais que exista uma força de "desterritorialização" ligada aos processos de circulação do Capital, nem todos os territórios se desterritorializam da mesma maneira. Por mais que, para fazer música, seja necessário tirar os pés do chão, nem todas as formas de tirar os pés do chão são iguais.

Veja, imagine que Schoenberg resolvesse compor a partir das potencialidades imanentes ao folclore alemão no começo do século xx ou aos *Volkslieder*. O máximo que teríamos seria uma afirmação nacional regressiva, algo longe das expectativas de ruptura que Bartók foi capaz de realizar fazendo exatamente isto a partir da Europa Oriental. Essa diferença pode ser compreendida pelo fato de o material musical do folclore alemão não ressoar as ambiguidades de uma inserção econômica retardatária, subalterna e profundamente contraditória, como aquele material disposto na Romênia, na Hungria, na Bulgária, entre outros. Ele não está ancorado na ressonância de temporalidades e arranjos produtivos que ainda não estavam completamente integrados aos processos globais de produção de mercadorias, inclusive mercadorias culturais. Por isso, a genialidade polimórfica de Bartók pôde produzir algo que Adorno descreve muito bem:

Se a dissonância, selo da Música Nova, aparece como momento de unidade entre expressão e construção em Schoenberg e como último suspiro da consonância em Stravinski, em Bartók, e talvez apenas nele, ela é abordada realmente como dissonância: a imagem do horrendo, que mais tarde o compositor haveria de buscar também cenicamente em *O mandarim maravilhoso* Op. 19, e que se insinua em cada um de seus compassos desde o começo.[27]

Essa *dissonância como dissonância* tem coordenadas sócio-históricas precisas, ela exige um certo estado do material musical, ela exige uma dissonância no seio da sociedade, pois a forma musical faz ressoar essa dissonância real (um pouco como falamos em contradição real).

27 "Erscheint [die Dissonanz], Siegel der Neuen Musik, bei Schönberg als Einheitsmoment zwischen Ausdruck und Konstruktion; bei Strawinsky als Fratze der verendenden Konsonanzen, so ist sie bei Bartók, vielleicht bei ihm allein, wahrhaft bloß als Dissonanz gemeint: Bild des Ungeheuerlichen, wie er es später im Wunderlichen Mandarin auch szenisch gesucht hat und wie es in jedem seiner Takte von Anbeginn steck." Theodor W. Adorno, "Bartók", (*Musikalische Schriften*), em: *Gesammelte Werke*. Frankfurt am Main: Suhrkamp, 1986 / Berlin: Directmedia (Digitale Bibliothek Band 97), 2003.

É claro que considerações dessa natureza na atualidade deveriam levar em conta a brutalidade de uma indústria cultural que se desenvolveu de forma tal, desde o início do século xx, que operações como as de Bartók provavelmente estejam interditadas em todos os lugares. Aquilo que aparenta ser material musical prenhe de contradições e tensões se revela rapidamente como projeção posta pela própria indústria cultural a partir de seus padrões de organização e produção. Por isso, falar em "popular" hoje em dia, volto a insistir, tende de forma muito forte a ser apenas uma forma de embuste.

Mas nem isso é totalmente certo e seguro. Teríamos que ter uma cartografia absoluta e completa do mundo para falar algo dessa natureza de forma totalmente segura. Por isso, eu me recuso a fazer juízos absolutamente peremptórios a esse respeito, o que não me impede de reconhecer as dificuldades enormes, provavelmente insuperáveis, que um empreendimento como o de Bartók teria hoje em dia.

FM: Se existe algo que não sai do meu horizonte de observação, é precisamente esse permanente jogo de poder que é instituído entre os países "desenvolvidos" e os "subdesenvolvidos", em que formas de dominação disfarçam-se, de modo mais ou menos consciente, inclusive na categorização da música que fazemos como sendo uma música "exótica". É claro que disso tenho plena consciência, e procuro me mover neste campo de areia movediça com o cuidado de não ser utilizado como moeda de troca, mas também sem perder o respeito pelos aportes poéticos que, uma vez destituídos de suas eventuais intenções dominadoras (o que só poderá ocorrer num futuro socialista da humanidade), possam contribuir para uma *estesis* generalizada do mundo. Não se trata, pois, de negar alguma "brasilidade" em prol de um pensamento eurocentrista, mas de uma tentativa em suplantar as coisas de seus lugares: arremessá-las ao arsenal que, quem sabe um dia, esteja disponível a toda sensibilidade. Talvez isto consista em alguma busca por *universais* a partir do fato de que considero como fundamentalmente provinciano quando olhamos por demasia sobre nossas próprias fronteiras, pois como bem dizia Pitágoras, quando nós as ultrapassamos, não é mais preciso voltar nosso olhar sobre elas.

Mas a consciência de todos esses estados se fundamenta em algo mais básico ainda: toda esta problemática relativa à interdependência entre, de um lado, as formas de administração do Capital, das formas de dominação classista e de manifestação da luta de classes, e, de outro lado, a produção do que podemos chamar de Cultura, abarcando das manifestações populares mais espontâneas – mas nem por isso menos elaboradas –, associadas em geral à impessoalidade e ao anonimato, às elaborações mais específicas que se embrenham no desenvolvimento e em projetos de invenção dentro dos parâmetros condizentes com a história intertextual de alguma *escritura*, ou seja, com alguma linguagem artística que se acumula por feitos encampados sobretudo por indivíduos a partir de seu diálogo com feitos de seus antecessores, pode ser cruamente resumida na sórdida e extremamente realista frase de Marx bem ao início de *O Capital*: "A mercadoria é em primeira instância um objeto externo, uma coisa que, por suas propriedades, sacia necessidades humanas de qualquer espécie. A natureza de tais necessidades – se estas provêm por exemplo do estômago ou da fantasia – não altera este fato em nada".[28]

---

[28] "*Die Ware ist zunächst ein äußerer Gegenstand, ein Ding, das durch seine Eigenschaften menschliche Bedürfnisse irgendeiner Art befriedigt. Die Natur dieser Bedürfnisse, ob sie z.B. dem Magen oder der Phantasie entspringen, ändert nichts an der Sache.*" Karl Marx, *Das Kapital – Kritik der politischen Ökonomie*, Erster Band, Buch I: Der Produktionsprozeß des Kapitals, em: Karl Marx & Friedrich Engels, *Werke*, Band 23. Berlin: Dietz Verlag, 1986, p. 49.

Lidamos, pois, com a triste realidade de que tudo o que fazemos acaba, de alguma maneira, nas redes do Capital e passa a ser tratado, de algum modo, como *mercadoria*. Talvez aí resida um dos focos de minha vida: ao não me pronunciar profissionalmente como "compositor", mas antes como *professor*, procuro identificar minha atividade como compositor não como algo do qual me sirvo como "profissão", mas sim com essência da minha existência. As obras que produzo por certo que acabam inseridas nessa trama do consumo, mas minha atitude vai no sentido inverso ao deste consumo: o que faço basta-me, e procuro circular essa "produção" não como objeto de "consumo", ou seja, não propriamente como mercadoria, mas como uma espécie de *religião*: um culto ou *rito de perpassagem* pelos sons e estruturas sonoras da obra musical. Esta postura, que pode, de certo modo, ser tachada de alienada ou talvez utópica, é, admito, no mínimo um pouco de cada uma dessas duas coisas: sinto-me *alienado* do mundo do consumo e exerço com convicção essa "alienação" (por diversas vezes flagram-me como um ignorante diante de nomes famosos do mundo da música pop, por exemplo, que venham a morrer e dos quais nunca tinha ouvido falar, ou ao menos não havia eu registrado em minha memória ou minimamente no círculo de meus interesses intelectuais). Assim, eu assumo, em cada obra, a *topia específica, existente*, dessa *Utopia geral, inexistente*.

Falo um pouco de mim porque a estratégia de sobrevivência pela qual optei, e pela qual salvaguardo a minha vivência dos sons e das obras musicais, ainda que me assegure uma posição de criador em meio a um mundo que permanentemente tangencia ou adentra mesmo o rol da barbárie – social e cultural –, está longe de não ser conflituosa. A rigor, não há como sentir-se plenamente satisfeito em meio às condições mercadológicas e socioeconômicas que nos são impostas pelo modelo capitalista de sobrevida social.

Mas quando afirmo ser possível, e politicamente até mesmo significativo, que se posicione contra o jargão centro/periferia, é porque justamente este fazer que se quer alienado de um mundo em si mesmo alienante permite que o exercício estético seja autossuficiente e, como tal – e repito-o aqui –, se baste a si mesmo. O que faço pode então tornar-se um "centro possível", ou ao menos destruir esta noção dominadora de "centro" que só pode servir justamente às estratégias de dominação de índole imperialista. É nesse sentido que ouvir os poros da "imperfeição" que reinava naquela música das aldeias populares da Europa Oriental, tão fora dos ditames centro-europeus, traduzia-se, para um Bartók, como atitude reveladora de uma riqueza não usurpável, e se dali extraiu elementos, assim o fez não para "colonizar" os entes populares com os quais conviveu, mas antes para extravasar na música europeia seus próprios limites e seus costumes, ao mesmo tempo expandindo-a e relativizando a sua força. Nisso reside a contribuição sobretudo ética da música de Bartók: pelo modo como deixou intacta a cultura popular com a qual manteve contato, e pela forma como interferiu na cultura europeia, chacoalhando-a.

Por outro lado, não sei se concordaria tanto com tuas conjecturas acerca de Schoenberg, pois ele efetivamente também se aproximou de formas populares: seu notável desenvolvimento do que Engelbert Humperdinck apenas esboçara, e que viria a ser conhecido como *canto falado* (o *Sprechgesang*), seria impensável sem sua aproximação com o canto dos cabarés, que aliás já haviam sido objeto de notável emprego em seus *Brettl-Lieder*. Ainda que não se tratasse de aldeias, inegavelmente o cabaré vienense era uma instituição eminentemente popular, e dali surgem os desvios de entonação no canto que fariam o contrapeso vocal – somado à outra opção mais esfacelada do canto silábico e essencialmente pontilhista, que seria adotado sobretudo por Webern – à emancipação da dissonância no terreno na escritura instrumental. Talvez não se tratasse, ali, daquela *dissonância da dissonância* a que você tão bem se referiu quanto a Bartók, mas de uma *dissonância da melodia*, ou ao menos de uma sua inconstância orgânica... Algo inconcebível se Schoenberg não tivesse buscado o apoio na "informalidade" do canto popular, sensualmente desconstruído, dos cabarés vienenses.

VS: Eu só poderia concordar e referendar aquilo que você afirma a respeito da ética imanente a tuas decisões composicionais. Esse horizonte de criação de "centros possíveis" através da capacidade de extravasar, em uma tradição musical, seus próprios limites e costumes graças à força de contato com materiais e procedimentos não submetidos a ela parece-me uma posição forte e, se me permite, é um dos aspectos que mais admiro em teu trabalho. Mas não creio que ela elimine aquilo que tentei levantar: as desterritorializações do Capital não ocorrem sempre da mesma maneira, elas não se desdobram em um espaço liso, mas em um espaço rugoso, cheio de materiais de texturas distintas. Nosso espaço cultural não é galilaico, ou seja, composto de um horizonte uniforme e indiferente.

Mas talvez uma boa parte do problema venha do fato de termos a tendência objetivista de entender "material" como, de fato, um conjunto de tradições e figuras musicais que acabariam por estar presentes na produção de todas ou todos vinculados a certa "nacionalidade". Melhor seria pensarmos "material" como um conjunto de problemas que se expressam preferencialmente em decisões sintáticas, e não semânticas. Uma maneira de recusar, de associar, de se deixar contaminar, de dissociar. Nesse sentido, eu tenderia a dizer que os horizontes periféricos tendem a se aproximar bastante a partir do ponto de vista dos problemas que eles colocam para si.

Agora, sobre sua lembrança a respeito do uso que Schoenberg faz da música de cabaré, acho que se trata de um procedimento muito interessante, mas guarda uma diferença fundamental em relação ao que eu dizia. A força política da Segunda Escola de Viena leva muitos de seus compositores a procurarem não se associar ao "originário" que poderia ressoar em uma música popular "da terra", ainda mais em um momento de ascensão da versão paranoica de corpo social, como era o caso da Alemanha dos anos 1920 e 1930. Eles procuram o horizonte da música "desclassificada" como a música de cabaré, deliberadamente sarcástica e "mal cantada", ou como o tango, tal qual faz Berg em *Der Wein* (diga-se de passagem, outra música de cabaré). Acho que a diferença é fundamental aqui. O recurso à música de cabaré (e o momento mais impressionante é usá-la para organizar o canto de uma "peça sacra" como *Moisés e Arão*) é quase o inverso do que seria o recurso à música folclórica. Schoenberg procura o que está fora da imagem do povo, do que é um corpo estranho, pois ligado à crítica social, ao sarcasmo, à sexualidade "promíscua", em suma, ao que há de menos valorizado diante de certa imagem do que deve ser o "povo". E essa sexualidade insubmissa, que ressoa a revolta das classes populares contra um poder que fala de Deus, pátria e propriedade enquanto procura tudo submeter a seus desejos, reaparece como o eixo estruturador de uma das maiores óperas do século xx: *Lulu*, de Berg. Há uma insubmissão em *Lulu* que é, ao mesmo tempo, a liberação da forma à multiplicidade de espaços diversos de organização (com suas zonas tonais, atonais e seriais, suas citações de músicas de programa) e a liberação dos corpos na força violenta dos desejos que não aceitam mais os lugares sociais aos quais eles haviam sido submetidos.

Insisto nisso para mostrar como nossos espaços de criação são rugosos. O uso do folclore alemão, dos "cantos do nosso povo", estava interditado para a Segunda Escola de Viena, pois seus resultados seriam, necessariamente, regressivos. Mas o mesmo não ocorre com Bartók, porque isso era possível dentro do horizonte no qual ele se movia.

Dizer isso me permite abordar um ponto que acabei falando de forma muito rápida antes e que acho relevante agora. Pois talvez uma das tarefas que só compositores e outros artistas podem desempenhar é levar sociedades a se confrontarem com aquilo que elas lutam por não querer ver, aquilo que as estruturam como fantasmas que elas lutam por evitar. Ou seja, não vejo atualmente outro horizonte para uma arte fiel a seu conteúdo de verdade do que fazer sociedades se confrontarem com seus fantasmas originários. E no caso do Brasil, eu tenderia a insistir em como somos estruturados pelo medo do informe e do desfibramento. Como se estivéssemos diante de um espaço amorfo, uma "imundice de contradições", como dizia Mário de Andrade, onde nada parece ter estrutura e continuidade. Uma zona descontínua.

Bem, eu me pergunto se uma estratégia de criação importante hoje não seria mobilizar tal desfibramento a nosso favor, usá-lo como uma força capaz de nos levar a criar onde nos ensinaram que nenhuma criação e expressão é possível. Se você me permite uma nota pessoal, é por razões semelhantes que uma obra como a de

Morton Feldman me chama tanto a atenção. Porque ela parece querer sobreviver em um horizonte de relações mínimas, à procura não exatamente de procedimentos de composição, mas da afirmação de dinâmicas de *descomposição*. E creio que isto pode chegar a resultados de grande força expressiva, em uma espécie de "sublime por atrofia", como em *Rothko Chapel*. Como dizia Adorno: "O medo do caos, tanto em música quanto na psicologia social, é superestimado".[29]

FM: Creio que esta atrofia que você tão bem diagnostica na música de Morton Feldman, essa espécie de abstinência diante do sonoro, constitua uma resposta bastante peculiar, deveras conceitual, do processo de miniaturização ao qual assistimos na poética de Anton Webern. Com as devidas ressalvas, há paralelos possíveis, por exemplo, no desnudamento pictórico de Mondrian,

---

[29] Theodor W. Adorno, "Vers une musique informelle", em: *Quasi una fantasia*. São Paulo: Unesp, 2018, p. 404.

ou, justamente por um viés mais conceitual, no enfoque estetizante de objetos diante dos quais tendemos a amortecer nossa sensibilidade estética, como quando um Duchamp nos expõe um mictório. Na música, após a respiração ofegante e em contínua ebulição do romantismo tardio – em particular na grandiosa obra grandiosa de Mahler (a dupla adjetivação é proposital) –, que fazia a música reiteradamente transbordar dentro de si mesma, seria natural que sobreviesse uma busca por certa *essencialização do sonoro*, ao que responderam muito bem Schoenberg, Berg e o próprio Webern, mas sabemos que foi na obra deste último que esse colapso temporal, reduzindo o som a tal efemeridade que o faz aproximar-se do silêncio, encontrou maior ressonância. Entretanto, nesse processo fundamentalmente redutor, em que a textura se verte em pontilhismo, fazendo coabitar em pé de igualdade o som como ponto isolado e sua ausência, transparecia uma inegável coerência: as durações eram igualmente miniaturizadas e as obras revelavam-se igualmente de notável concisão, com extensão temporal acentuadamente reduzida. Ora, pode-se ouvir praticamente toda a obra de Webern em três horas – aliás, uma experiência deveras interessante! *Non multa, sed multum*, eis o lema weberniano: a enunciação quase "minimalista" implicava convite, isto sim, a um mergulho *maximalista* no som, em sua escuta particularizada, numa percepção atenta de sua essência complexa – "não muita coisa, mas muito conteúdo". Mas o que dizer das extensões vazias de gesto de certas obras de Feldman, que quase duram, sozinhas, a obra inteira de Webern? Corre-se o risco, ali, de a atrofia metamorfosear-se em paralisia...

Por outro lado, você tocou num assunto que me chama particularmente a atenção, quando fala de certa "zona descontínua", referindo-se ao fenômeno sociocultural brasileiro. De fato, tal asserção faz-me pensar que haja no Brasil uma relutância orgânica e sistemática em se alçar voo a certo patamar mínimo de civilidade, como se constantemente insistíssemos, enquanto nação, em voltar ao *ponto zero*. Talvez tenha sido esse engodo que levou um pensador do calibre de Florestan Fernandes a afirmar que, "para começar a luta, é fatal que teremos de partir do ponto zero, com um espaço político igual a zero".[30] Pois uma vez instituídos certos avanços mínimos – sempre pelo viés de reformismos ou "melhorismos" coniventes –, logo se instala a barbárie e a boçalidade faz

---

30 Florestan Fernandes, "Revolução ou contrarrevolução?" (1978), em: *O Brasil de Florestan*. Belo Horizonte: Autêntica / São Paulo: Fundação Perseu Abramo, 2018, p. 222.

sua voz obtusa ecoar pelo planalto, pelos desfiles militares e pela ocasional aglutinação pálida de uma classe média igualmente obtusa, ignorante e profundamente conservadora, que sai em defesa de seus símbolos. É como se o patamar mínimo de certa inteligência social, que caracteriza o que chamamos, *grosso modo*, de espírito cívico (ainda que este, se existente, possa mesmo assim escamotear conflitos de classe – e constantemente o faça!), fosse-nos totalmente interditado.

Indubitavelmente – e nisso você mais uma vez tem razão – o papel da Arte não é de se desprezar em tal contexto. Por certo que a Arte sempre saberá, nas mãos de seus mais ilustres inventores, atuar nas fendas sociais e escancarar os fantasmas que aterrorizam o imaginário dos espíritos reacionários. Mas mesmo quando isso ocorre e ela clama por mais sensibilidade estética diante do mundo, corre-se sempre o risco, constatemos, de certo descompasso entre a revolução na Arte e a revolução política. Se em tudo que antecede tais momentos críticos de ebulição revolucionária a Arte mais avançada rompe os moldes e transgride as regras, sempre se colocando como libertária e quase à frente dos estágios aos quais podem chegar as mobilizações populares e as instituições sociais de dada sociedade – e isto a ponto de o grande artista ser sempre mal compreendido por sua época –, é como se, quando da eclosão das grandes transformações dos sistemas sociopolíticos, fosse o próprio sistema político-econômico em revolução que tomasse a dianteira para, de certo modo, brecar a liberdade da Arte e sua propensão quase inata ao transbordamento de toda fronteira. É natural, então, que as necessidades mais prementes passem a constituir foco principal dos investimentos sociais, mas tende-se com isso a forçar a Arte a assumir certo caráter "utilitário", como se ela, antes, não tivesse tido qualquer utilidade. O culto à sensibilidade, definidora do fazer artístico e operante, mesmo que por osmose, na linha de frente de uma consciência social generalizante, estará sempre fadado a erigir seus heróis *com* caráter: a integridade do grande artista que o trai e o isola, com toda a sua radicalidade, como tácita e permanente *persona non grata*. Não à toa Beethoven, em contexto burguês, provavelmente fora acometido de forte crise psicossomática que lhe teria deixado "surdo" diante de seu mundo; não à toa Maiakovski, vindo de um contexto de Revolução, pôs cabo à sua vida, ao diagnosticar o fim daquele impulso revolucionário genuíno pelas vias do subsequente retrocesso stalinista.

Diante da mediocridade ou de cerceamentos de sua liberdade, o artista radical, em seu drama, exerce uma espécie de autoalienação, uma *alienação voluntária*. Nesse processo, pode adoecer ou morrer, mas lhe é dada a chance também de certa sobrevida, gritando pelos seus prazeres. Para tecer um paralelo às tuas observações acerca de *Lulu*: nosso gozo, irreverente, é insubmissão prazerosa. Pois ser artista é ao mesmo tempo gratificante e conflituoso: é preciso, aqui e acolá, ter coragem para sair em defesa do próprio prazer!

VS: Compreendo suas reticências com a obra de Morton Feldman, mas creio que há ali algo que merece grande atenção. O paralelo com Webern é relevante e acho interessante que você aponte como a atrofia pode se transformar em paralisia. Sabemos como o uso da subtração e de uma certa atrofia é um dos procedimentos maiores do modernismo estético. Trata-se de reduzir o campo da obra à exposição mínima da diferença, isto através da destruição do poder organizador de estruturas formais desgastadas do ponto de vista do desenvolvimento possível da linguagem estética. Essa exposição mínima permite a reconstrução expressiva, a reconsideração da potência produtiva daquilo que parecia elementar no interior da gramática de uma linguagem artística.

Creio que Feldman encontra uma forma bastante interessante de dar continuidade a tal estratégia. Consideremos *Rothko Chapel*. Como sabemos, essa é uma espécie de obra a ser tocada em um lugar que deveria ser um espaço sacro, uma capela. Mas a capela construída por Rothko é um espaço sem altar, sem separação, ascético. Há uma decisão política interessante por trás disso. Trata-se de criar uma indiferenciação na qual a hierarquia e a ordem são decompostas para que aparecesse certa potência inaudita do comum. Essa potência do comum nasce da decomposição das identidades estabelecidas em lugares, nasce da pintura da Capela, na qual o caráter monocromático dos quadros revela, na verdade, uma potência de diferenciação ligada à variação de pigmentos, de materiais, de texturas e intensidades no mesmo campo cromático.

Ora, a música de Feldman segue o mesmo procedimento, mas tematizando o elemento fundamental da música, o tempo: "Formas sonoras em movimento", como dizia Hanslick. E é nesse ponto que uma consideração mais demorada a respeito do que você chama de "paralisia" valeria a pena. Uma *ex-tase* do tempo não pode ser compreendida como paralisia. Pois há de se levar em conta como a aparência de repetição é, em Feldman, sempre denegada.

Lembremos, por exemplo, daquilo que ele chama de "simetrias truncadas" e que aparece em vários momentos dessa peça. Inspirando-se na estrutura irregular dos tapetes do Oriente, estruturas compostas por motivos que são repetidos apenas aparentemente, Feldman pensa uma estrutura musical feita sobretudo através de repetições simuladas, já que se trata de uma repetição que, se vista de perto, mostra a diferenciação contínua do que apenas de longe parece ser o mesmo. O exemplo mais claro aqui são as variações da melodia de três notas da soprano nos compassos 244-290 de *Rothko Chapel*. Jogando com uma certa defasagem entre objeto e percepção sonora, esta melodia nunca volta de maneira absolutamente idêntica, embora ela seja normalmente percebida como tal. Há pequenas variações, como essas que encontramos nos tapetes orientais e sua expressão do trabalho manual. Há desvios que se desdobram no limite da percepção, criando uma estaticidade que é, na verdade, explosão de movimento, deslocamentos que parecem clinamens.

Agora, veja o que significa a própria instrumentação da peça. *Rothko Chapel* é escrita para soprano, contralto, duplo coro misto, viola, celesta e percussão. A escolha do coro e da percussão é bastante sintomática e tem relações com o desejo de Rothko em se apropriar da força unificadora da religião para fundar um espaço comunal a partir de outra lógica de relações. Como você sabe, a função tradicional do coro consiste em organizar a diferença sob o regime de afirmação da unidade. Não é por acaso que o coro sempre esteve ligado a experiências sociais onde a multiplicidade das vozes se mostra como sendo, essencialmente, um uníssono no qual cada voz de uma polifonia se desvela como fazendo parte de uma mesma direção teleológica. Ele é a enunciação da necessidade de Um: "É assim e não de outra forma". Por outro lado, as funções da percussão estão normalmente ligadas à intensificação dos momentos de tensão ou à construção da unidade regular da pulsação. Dois processos que apenas sublinham a prevalência do regular e do reforço.

No entanto, nas mãos de Feldman, o coro e a percussão não respondem mais por suas funções naturais. O coro é inicialmente submetido a uma intensidade de *piano* e de *pianíssimo*. Há toda uma seção onde a indicação de interpretação é "dificilmente audível" (*barely audible*). Normalmente, ele se serve das vozes para criar acordes de quatro e cinco notas que se desdobram através de intervalos de segunda, sobretudo de segunda menor. Isto dá a impressão auditiva de uma imobilidade "orgânica" e "vegetal". Quando o coro parece ir em direção a um desenvolvimento harmônico ou a uma intensificação, somos rapidamente confrontados com o silêncio ou com a exaustão em intensidades. Como se estivéssemos diante da tomada de consciência da impossibilidade de andar, tomada de consciência da impossibilidade de alcançar outro solo. Isso expressa uma crítica política fundamental. Esse é o coro possível para nossa época.

Da mesma forma, o uso da percussão apenas reforça o caráter "não direcional" da música. Já no início, vemos a percussão aparecer como som mudo que reforça o esgotamento do primeiro esboço de uma escritura motívica para a viola. Este fenômeno se repetirá várias vezes. Assim, ao invés de intensificar o desenvolvimento, a percussão apenas expõe a impossibilidade do movimento. Mas há algo de sublime nisso tudo. A impossibilidade de movimento é apenas o desabamento de uma certa gramática tradicional do movimento que está interditada em seu conteúdo de verdade. Se quisermos entrar novamente em movimento, devemos começar por nos perguntar: o que é exatamente mover-se, em que condições move-se realmente? Um movimento mínimo é um movimento? E o que dizer do imobilismo aparente? Não seria uma estratégia importante de recomposição da nossa percepção do espaço? Descobrir novos espaços não exigiria aprender a fazer movimentos mínimos?

Acho que são essas as questões que uma peça como *Rothko Chapel* pode produzir.

FM: Não sei se *Rothko Chapel*, de 1971, seria *o* coro possível para nossa época; seria *um* coro possível, certamente – e pelas razões que você bem aponta –, mas há outros. Nenhuma obra que envolva grupo vocal pode ser mais representativa de nossa contemporaneidade do que uma que foi escrita 6 anos antes: *Laborintus II* (1965), de Berio. E ela contrasta cabalmente com a peça de Feldman. Se *Rothko Chapel* beira o minimalismo sem ser (ainda bem!) minimalista, por sua economia gritante de meios expressivos – note: não de *expressão* em si, mas de seus *meios*, os quais em arte, entretanto, jamais separam-se de seus *fins*, o que nos conduz a um problema... –, a exuberante peça de Berio prima por aquilo que, em 1983, designei por *maximalismo*: uma polimorfa aglutinação de gestos em constante curto-circuito, abarcando todas as diversidades possíveis e imagináveis, como bem pretendia, aliás, a poesia na qual ela se baseia, *Laborintus* (1951-54), do poeta Edoardo Sanguineti, protagonista do grupo de poesia experimental *I novissimi*.

E se digo que este monumento beriano nos representa tão bem, é porque ele parte de um princípio já realçado muito antes por Blaise Pascal: *"Rien n'est simple de ce qui s'offre à l'âme"*³¹ ("Nada do que se oferece à alma é simples"). Nossa época escancara as simultaneidades, a relatividade de visões e vivências a partir de ângulos diversos, certa polifonia entrelaçada de proposições. Talvez fosse mesmo o caso – uma vez que o conceito de *polifonia* implica *responsabilidade* entre as vozes – de falarmos até de certa *multifonia*, por vezes até mesmo de uma *disfonia*. A peça de Feldman traz isso à tona com beleza quando contrasta figuras quase banais (excesso de intervalos de terça menor, acordes com acentuada presença de sétima maior – elementos arcaicos da velha tonalidade) com agregados inarmônicos entoados pelo coro. Mas o final, com uma figural trivial no vibrafone e uma melodia de crassa simplicidade na viola, faz a peça beirar o minimalismo no que esta vertente tem de mais *esvaziante*, fenômeno típico de uma cultura de massas, ainda que "clássica", norte-americana.

Obviamente que há, assim mesmo, uma distância colossal entre uma peça como esta de Feldman e a música

---

31 Blaise Pascal, *Pensées* (*Misère de l'Homme, 171*), em: *Œuvres complètes*. Paris: Gallimard (Bibliothèque de la Pléiade), 1954, p. 1132.

desnudada de qualquer profundidade de Philip Glass! Na verdade, certas passagens de extrema contenção diante do sonoro, em Feldman, remetem-nos à poética do "pelo em ovo" de Luigi Nono, com a qual, entretanto, tenho – como confesso beriano (ou stockhauseniano) que sou – grandes dificuldades.

E nisso reside o problema desta *estética extensiva da contenção*: seu descompasso com relação ao domínio do *tempo*, da *duração*, mesmo que a obra de Feldman nem dure tanto tempo assim, com seus cerca de 25 minutos. Lembremo-nos de Spinoza da *Ética*: *"Duratio est indefinita existendi continuatio"*[32] ("A duração é a continuação indefinida do existir"). O compositor, quando lida com as durações, faz justamente o exercício de procurar defini-las. Enuncia, formula, dá sentido à sua forma. Quando os materiais pelos quais opta são esvaziados de proposições – em outras palavras, quando são banalmente *simples* –, é como se ele estivesse mais atentando à indefinição da extensão da duração do que à própria coisa que *per-dura*. Este foi o grande ensinamento de Webern, quando faz o tempo eclodir: mesmo em mínimo espaço durativo, há grande quantidade de informação.

---

[32] Baruch de Spinoza, *Ética*. Belo Horizonte: Autêntica, 2007. Parte I, Definição V.

Isto tudo me remete à discussão suscitada por Olivier Messiaen ao início de *Traité de rythme, de couleur, et d'ornithologie*, evocando São Tomás de Aquino e Henri Bergson, que resultará na formulação das duas *Leis da duração vivida*: a) *Sentimento da duração presente*: quanto mais pleno de eventos for o tempo, mais curto ele nos parece; e quanto mais vazio de eventos ele for, mais longo ele nos parecerá; e b) *apreciação retrospectiva do tempo passado*: inversamente à lei anterior, no passado, quanto mais pleno de eventos tiver sido o tempo, mais longo ele nos parecerá no presente; e quanto mais vazio o tempo tiver sido de eventos, mais curto ele agora nos parecerá.[33] Diversos filósofos se aperceberam desta relação dialética entre informação e percepção durativa, mas é a outro francês que desejo me reportar agora. Pois não seria isso mesmo que Gaston Bachelard, em *La dialectique de la durée*, irá nos dizer? *"Plus un temps est meublé, plus il nous paraît court"*[34] ("Quanto mais um tempo se vê mobiliado, mais curto ele nos parecerá")! Webern encurtou o tempo, e ainda assim o mobiliou complexamente. Suas *Sechs Bagatellen* Op.

---

33 Cf. Olivier Messiaen, *Traité de rythme, de couleur, et d'ornithologie*, Tome I. Paris: Alphonse Leduc, 1994, p. 10.

34 Gaston Bachelard, *La dialectique de la durée.* Paris: PUF, 2006, p. 37.

9 (1911-13), para quarteto de cordas, que você já mencionou, constituem talvez seu maior legado na arte de esculpir o microtempo. Mas qual teria sido a opção de Feldman? A mim parece que estamos mais diante de um estado hipnótico... Mas reconheço: só o fato de uma peça como esta de Feldman suscitar apreciações tão opostas quanto as nossas já constitui em si sinal de que algo nela revela-se como bem-sucedido.

Por outro lado – e numa aparente contramão ao que acabo de defender –, há de se reconhecer que a redução de foco – uma redução *eidética*, de cunho fenomenológico – constitui por vezes recurso poético de grande potencial expressivo. Exemplo notório disso é um quadro como *Guernica*, certamente um dos quadros mais coloridos de toda a história da pintura, e que, no entanto, é constituído exclusivamente de tons os mais diversos de cinza. Nenhuma reprodução, por melhor que seja, é capaz de trazer à luz – é bem este o termo – os matizes de cores que destoam umas das outras apenas em ínfimo grau, tampouco de revelar as diversas camadas sobrepostas das pinceladas de Picasso, que por vezes chegam (quase) a escamotear por completo gestos anteriores aos que se veem na pintura acabada. A experiência conclama a visão *in loco*, em Madri, desta obra-prima. Mas em meio a essa aparente ausência de cores, tem-se um forte apelo à sensibilidade, à descoberta dos detalhes, ao exercício da diferenciação, e tudo isso sem abnegar seu potencial simbólico: ao abolir outras cores e retratar a cena em matizes de cinza, Picasso elaborava uma das obras mais políticas de toda a história das artes, numa acirrada crítica ao fascismo espanhol. Ao abnegar as cores, veta a orgia dos olhares para ilustrar a tragédia dos homens. A organização estrutural do quadro, sua construção rigorosa, com seus triângulos simbólicos e suas correspondências, e sua profusão de gestos dilacerados fazem com que aquele aparente "minimalismo" das cores seja completamente envolvido por uma trama essencialmente maximalista. Tempo mobiliado: diante de uma obra como essa, "atemporal" como toda pintura, o tempo de fato se suspende.

VS: Você fez bem em lembrar de *Laborintus II* como um outro extremo do coro possível para nossa época. É verdade, há uma polaridade de estratégias bastante interessante quando colocamos as peças de Feldman e Berio em confrontação. O poema de Sanguineti, em certo momento, traz uma afirmação de Dante que, a meu ver, sintetiza muito bem o que está em jogo, os dispositivos em operação na obra de Berio: *"Proprium opus humani generis totaliter accepti est actuare semper totam potentiam intellectus possibilis"* (o que dá algo como: "É próprio da obra humana, tomada em sua totalidade, transformar sempre em ato toda a potência possível do intelecto"). A natureza profundamente anárquica da obra de Berio permite uma resposta musical para esse horizonte regulador de atualização de toda potência possível. E digo "anárquica" no sentido mais forte possível do termo, ou seja, de afirmação clara de ausência de *arkhē*, ausência de forma primeira que permitiria à obra musical se assegurar como obra a partir de processos elementares de partilha entre som e ruído, entre desenvolvimento e acidente, entre espaço liso e espaço estriado, entre música de concerto e música de entretenimento. Essa ausência de origem, de enraizamento em um princípio, no sentido forte do termo, seja ele natural ou transcendentalmente afirmado (como a própria noção de "série"), pode até fenomenologicamente lembrar, para um ouvido desavisado, o uso cageano da indeterminação, mas lhe é radicalmente contrária devido à construção precisa dos momentos, à potência da escritura musical e ao desejo expresso de transformar a totalidade em princípio inesgotável de movimento.

Mas eu insistiria que há ao menos duas formas de atualização de uma potência. A primeira se dá pelo esgotamento dos possíveis, e creio que é isso que à sua maneira Berio faz, não só nessa peça, mas em várias outras, como na *Sequenza III*. O princípio é, a meu ver, muito semelhante. Nenhum instante musical está submetido ao princípio rememoração/expectativa. Não há nenhuma possibilidade de assegurar a passagem de um instante musical a outro a partir de alguma forma de expectativa. Como se cada instante tivesse diante de si a abertura absoluta dos possíveis. Abertura essa que força, como nunca até então, a identidade do que é uma "voz" musicalmente constituída. Tudo o que foi expulso da voz para que ela se constituísse como unidade musical retorna: suspiro, sussurro, gritos, riso, tosse e tudo o mais. Mesmo as descrições de expressão são feitas de forma tal, durante tempos curtos, passando em seu contrário – de um "incrivelmente desesperado" a um "calmo" – em poucas notas, que todas as figuras expressivas que constituíram nossa gramática são repostas em sua condição de máscaras que apenas marcam um fluxo libidinal incessante.

Mas há outra forma de atualização de uma potência e creio que essa segunda forma é muitas vezes desconsiderada por parecer "simples", coisa que ela não é. Nesse caso, não se trata exatamente de um esgotamento dos possíveis, mas de produção de sistemas de contradições que atrofiam a forma e abrem, através da contradição, o espaço a um impossível que mobiliza a força expressiva do silêncio. Webern, à sua maneira, também produzia tal atrofia, pois há uma contenção radical de duração e uma explosão de possibilidades, mas em um sistema serial radicalmente limitado em seu desenvolvimento. O que levou alguém como Adorno a falar em um momento, a seu respeito, de "fetichismo da série".

Se você me permitir, eu gostaria de falar a respeito dessa forma de atualização usando exatamente aquilo que te desgostou na peça de Feldman, o retorno da frase melódica "tradicional" ao final da obra. A princípio, pode parecer uma "concessão" de Feldman ao uso de materiais regressivos. Mas eu gostaria de insistir que não é o caso, que a operação é outra. Aparentemente, a frase aparece de uma vez no interior da música. No entanto, esta seção é a culminação e a unificação de uma série esparsa de signos anteriormente presentes na música. Por exemplo, o ostinato do vibrafone não deixa de ressoar as primeiras notas da viola na primeira seção.

A estrutura melódica da viola com seu jogo ascendente/descendente nos envia também ao motivo da viola na primeira seção. Tudo se passa, pois, como se uma certa síntese se esboçasse, mas feita de material regressivo.

No entanto, este uso da tonalidade exige, a meu ver, outra interpretação. Feldman nos diz que esta melodia vem de longe, que ela foi composta quando ele ainda era adolescente. Ou seja, ela é algo que emerge como a imagem de um passado esquecido, arruinado e distante. Passado próprio à adolescência tonal da história da música. Isto indica um modo de retorno à tonalidade que nada tem a ver com uma possibilidade de restauração, já que a gramática tonal retorna em farrapos, sem a força para organizar totalidades funcionais. Basta lembrar, a este respeito, como a unidade produzida pela melodia é sempre denegada pelo coro como seu acorde atonal (mi bemol – lá bemol – mi – dó sustenido – ré). É este acorde que tem a última palavra na música.

Desta forma, a melodia que vem de longe é como aquilo que um dia Walter Benjamin chamou de "imagem dialética", presença de um material que outrora tinha a força de servir de célula de desenvolvimento, de motivo para a construção de obras dotadas de unidade funcional. Hoje, este material não é mais do que ruína que mostra como o que nos era o mais familiar só pode retornar sob as marcas do estranhamento. Nesse retorno, há algo de muito próximo do que Adorno disse um dia a respeito destas formas neoclássicas que aparecem:

> Como nos sonhos, sob o aspecto destas figuras em estuque que decoravam os armários na casa de nossos pais, ou de tal objeto velho e fora de moda: o contrário de um conceito genérico [*Gattungsbegriff*]. Esta individuação, sob a forma de visões de pesadelo, daquilo que outrora valia como esquemático, destruiu o esquema [*Schema*].[35]

---

[35] "*Sie wurde nicht normativ aufgerichtet, sondern erschien wie in Träumen, Gipsplastiken auf Kleiderschränken der elterlichen Wohnung, einzelnes Dies da und Ladenhüter, nicht Gattungsbegriff. In dieser Individuation des vordem Schematischen zum Schreckbild ging das Schema zugrunde; von arrangierten, zusammengestoppelten Träumen wurde es beschädigt und entmächtigt.*" Theodor W. Adorno, "Strawinsky – Ein dialektisches Bild", em: *Gesammelte Werke*. Frankfurt am Main: Suhrkamp, 1986 / Berlin: Directmedia (Digitale Bibliothek Band 97), 2003; cf. a tradução ligeiramente diversa deste trecho por Eduardo Socha em: *Quasi una fantasia*. São Paulo: Unesp, 2018, p. 237.

Essa destruição do esquema é, no entanto, a forma de manifestação de uma potência. E é por ser tal atualização que Feldman criou um tecido de figuras musicais onde nem os instrumentos, nem as estruturas, nem as percepções, nem os intervalos (porque até a dissonância é "dessensibilizada") preenchem as funções que normalmente lhe são associadas. Um tecido parecido com esses tapetes orientais que tanto o fascinavam, onde vemos a construção de um espaço no qual a não identidade e a multiplicidade são criadas através da percepção inicial da identidade e da unidade. Essa é uma outra estratégia composicional à nossa disposição, creio.

FM: É interessante a observação de que possa haver duas formas de atualizações das formulações em potência que percorrem direções antagônicas: uma à qual você atribui certo "anarquismo", essencialmente expansiva; e outra, associada a certa "regressividade" contrativa. Mesmo que se possa questionar a redução a uma tal polaridade – seria preciso bons argumentos para tanto, porque também vejo essas duas atitudes como as possíveis diante da profusão das ideias: ou se minimizam os elementos (opção de Feldman), ou eles são "maximalizados" (opção de Berio) –, constato que aquela minha ideia, a de que a obra de arte é antes *ato* do que *potência*, invertendo a fórmula metafísica aristotélica, encontra ressonância em tal bifurcação. Mas ao revés: creio, portanto, que antes de se tratar de atualizações de alguma potência, a Arte, ao elaborar suas fórmulas, ancora-se na Invenção, e como tal potencializa, no decurso de seus gestos, seus próprios atos.

E justamente sob este aspecto devo dizer, como compositor, que a atitude diante dos sons me parece ser uma atitude política, e francamente a opção beriana, que não vejo como "anárquica" (mesmo com o termo entre aspas), mas antes como multiplicadora, como propositiva de multiplicidades e de diferenças, me é muito mais interessante do que a opção que envereda por certa "simplificação" dos materiais. Por certo que o foco no elemento singular, em seus contornos, nos detalhes que só são perceptíveis quando a ideia se aparta ao máximo do jogo de suas contextualizações e se revela desnudada, justamente, como *singularidade*, por vezes constitui recurso estético de grande expressividade. O emprego da cor em *Guernica* é disso exemplo cabal. E o que não é aquele acorde aparentemente simplista de seis notas, correspondentes aos primeiros parciais da série harmônica de um si bemol, que perdura por cerca de setenta minutos em uma obra como *Stimmung*, de Stockhausen, senão *aparente simplicidade*? Mas ele não interessa em si mesmo! A ilusória regressão dá vazão, ali, a uma escritura de extrema riqueza na exploração do canto formântico, dos meandros colorísticos que perfumam aquelas poucas notas. Não é seu aspecto exterior o que é capaz de nos capturar, e muito menos sua eventual remissão a vivências que se encontrem fora da própria obra; é antes seu aspecto interior, *presentificado* no próprio Texto. A escritura introjeta-se naquelas poucas seis notas para deflorar-se numa multiplicidade polifônica ao nível dos timbres, e isto para falarmos apenas de um aspecto dessa obra quieta e ao mesmo tempo inquietante, provocadora, em pleno ano turbulento de 1968!

Mas como quer que seja, é preciso ter cuidado para não associarmos a profusão multigestual de índole beriana a um estado anárquico e despropositado que denegasse qualquer *motivação*, no sentido de uma proposição germinal, não propriamente "arquetípica", mas de alguma forma condizente com uma noção, mesmo que vaga, de *arkhē*, ou de proveniência motivada, pela qual aquela aparente desordem dos gestos pudesse ser rastreada até que cada gesto, por mais contrastante que possa parecer – e que de fato o seja –, adquira seu... *sentido*. Concordo com você quando alude, com certa desconfiança, à noção de uma matriz única geradora de todas as possíveis formulações – o próprio sentido de *arkhē*, desde Anaximandro ou Pitágoras –, tal como se deu com o fetiche da *série*. Há certamente multiplicidade não apenas nos desenvolvimentos gestuais, mas já na própria origem dos gestos. E é nisso que consiste a grandeza de uma obra como a de Berio, um dos primeiros a pôr o dedo na ferida do serialismo estrito: o curto-circuito que acomete muitos de seus gestos não neutraliza nem denega suas estratégias eminentemente *direcionais*, pelas quais os elementos respondem por seu passado. Berio reconhecia-se como um jakobsoniano, e sua descrença no acaso era notória: ele não o via como garantia de qualquer emancipação. Não há, ali, nada de arbitrário, da mesma forma como Jakobson se negava – assim como Trubetzkoy, Benveniste, Sapir, Jespersen, Fónagy e tantos outros – a ver arbitrariedade no verbo, até então dogma saussuriano. Certa vez, em uma entrevista a Michel Philippot, Berio afirmou: "Não creio no acaso, ele não existe, e com a maior boa vontade do mundo não se pode demonstrá-lo nem o ver como uma afirmação de liberdade".[36] As figuras no Texto beriano – e já que você mencionou o *Schema* em Adorno, lembremo-nos, curiosamente, que no grego antigo a noção de *skhēma* equivale justamente à de *figura*, tal como Demócrito chegou a chamar os átomos – denegam a desconectividade de índole anárquica, e ainda que enalteçam a diversidade, entrelaçam-se. A trama releva *responsabilidade*, a mesma que motivara toda polifonia.

E aí realço um aspecto fundamentalmente diverso da opção autobiográfica que pretenda justificar um gesto: este passado dos gestos encontra-se exposto *no próprio Texto*, ou seja, é a própria escritura que o escancara, não uma referência de índole pessoal cujo conhecimento, por parte do ouvinte, se faça necessário para que aquilo que é exposto enquanto ideia musical ganhe algum sentido. É sob este aspecto que digo que uma tal interpretação talvez seja, antes de mais nada, "conceitual" e, portanto, mais filosófica que propriamente musical... Minha opção, entretanto, é a da nervura da obra, tal como esta se deflagra na fenomenologia da escuta,

---

[36] "*Je ne crois pas au hasard, il n'existe pas, avec la meilleure volonté du monde, on ne peut le démontrer et on ne peut l'envisager comme une affirmation de liberté.*" Berio em Berio & Philippot, "Entretien Luciano Berio / Michel Philippot", *La Revue Musicale*, double numéro spécial 265-266. Paris: Richard-Masse, 1969, p. 90.

a uma escuta certamente pensante, mas cujo pensamento não necessite da explicação biográfica para que ganhe significado.

De todo modo, estamos aqui, mais uma vez, a falar de Texto e de suas multiplicidades. E, neste círculo que nos remete a Dante, com o qual iniciamos este nosso debate, vejo que uma curva de nossa espiral talvez tenha se completado, não sem contrariar o que pode suscitar cada círculo: que as ideias se fechem e se esgotem. Muito ao contrário! Nas profusões maximalistas desses desenvolvimentos a que acabamos de nos referir vislumbram-se justamente muitas fendas, pelas quais já pudemos, mesmo em meio à opacidade apocalíptica do presente, entrever, por ângulos diversos, algumas estrelas... e quiçá esperançar.

VS: Eu havia falado de uma certa "anarquia" em Berio no sentido da liberação da forma de toda *arkhē*, não apenas no sentido de liberação em relação a uma direcionalidade que visaria recuperar alguma dimensão de mimeses com o originário, um pouco como Rousseau imputava à expressão musical em sua relação à natureza, mas também no sentido de liberação de toda estrutura categorial *a priori*. Anarquia não é ausência de ordem, ao menos não no sentido de direcionalidade. Anarquia é ausência de hierarquia, é recusa em naturalizar disposições hierárquicas que definem certo horizonte legitimado historicamente por princípios inquestionados de autoridade. A ordem nasce da disposição radicalmente horizontal dos elementos que adquirem, todos, direito pleno de existência. Foi nesse sentido que pensei em certa disposição anárquica em Berio. Mas o problema é que o termo, reconheço, reverbera muitas pressuposições de sentido.

De toda forma, foi bom você ter recuperado a recusa radical de Berio em relação ao acaso, o que não poderia ser diferente para alguém que levou a escritura musical a um grau tão impressionante de precisão. Mas se o acaso não está ali presente como encontramos em Cage ou mesmo em Boulez, a noção de totalidade de possibilidades abertas a cada instante musical muda radicalmente o sentido tradicional da divisão entre necessidade e contingência. Nesse sentido, a força da decisão imanente à forma musical aumenta de maneira exponencial.

Mas não poderia terminar essa interlocução sem insistir que a retração dos meios é musicalmente rica por problematizar a naturalização semântica do que aparece como elementar. Em uma era histórica como a nossa, eu não poderia deixar de lembrar dessa colocação de

Adorno: "O burguês gostaria de uma arte voluptuosa e uma vida ascética; seria melhor o contrário".[37] E note que esse ascetismo nada tem a ver com alguma forma de repressão à força libidinal da arte. Ao contrário, ela é a forma de a música preservar sua força em um horizonte no qual a linguagem encontra-se degradada. Por isso, esse recurso à atrofia tem força, como tem força esse retorno à infância que certas peças são capazes de produzir quando retornam ao elementar (e o primeiro dos *Estudos* de Debussy não começa exatamente com a repetição do gesto pianístico mais elementar, a saber, esse de colocar a mão em cada nota do piano, a partir do dó até o sol?). Desculpe-me terminar falando na primeira pessoa, mas eu sempre me intriguei com essa afirmação, que todos ouvimos no conservatório, de que ainda haveria muita coisa a se fazer na escala de dó maior. Um dia eu quis compor uma música para *Ariel*, de Sylvia Plath, com sua força descomunal de figuras que é própria a um anjo da guerra, que mistura fogo e sopro divino. E me pareceu evidente que a melhor coisa a fazer seria limitar-se completamente à escala de dó maior.

---

[37] "*Der Bürger wünscht die Kunst üppig und das Leben asketisch; umgekehrt wäre es besser.*" Theodor, W. Adorno, *Ästhetische Theorie*. Frankfurt am Main: Suhrkamp, 1992, p. 27.

Porque ela era o primeiro passo de quem toma posse do sistema tonal, e nada mais próprio de um anjo do que abrir a visão para se deslumbrar com o que parecia já completamente visto (ou ouvido).

Tudo isso para dizer que creio termos atravessado juntos um caminho que não poderia ter sido feito de outra forma: explorando as dissonâncias, criando a partir das discordâncias. Talvez porque nós dois acreditamos que esse é o maior legado da experiência musical de nosso tempo: permitir que séries dissonantes produzam um corpo, sem que nada de sua dissonância precise ser necessariamente antecipado nem resolvido. Alguns acreditam que um diálogo deve terminar com um consenso. Esses apóstolos habermasianos de ocasião deveriam ouvir mais música! Assim eles aprenderiam que, se ainda há algum sentido para uma palavra como "diálogo", ele só pode estar no saber emancipar a dissonância e construir um campo de relações a partir de sua tensão própria. Os verdadeiros diálogos, que são tão raros, nunca disseram respeito a como procurar convencer o outro, mas a como deixar ressoar a dissonância das vozes, permitir que elas encontrem relações inauditas e inesperadas e deixá-las continuar seu caminho. Nesse sentido, só tenho a agradecer. Para mim, foi um belo e raro diálogo. Algo que só a paixão pela música pode produzir.

Obras musicais abordadas neste livro

BARTÓK, Bela
O mandarim maravilhoso, Op. 19 (1918-24), para orquestra.

BEETHOVEN, Ludwig van
Kennst Du das Land?, Op. 75 nº 1 (1810), canção para voz
    e piano sobre um poema de Johann Wolfgang
    von Goethe.
Sonata para Piano nº 14, Op. 27 nº 2, "Sonata ao Luar" (1801).
Sonata para Piano nº 31, Op. 110 (1821).

BERG, Alban
Der Wein (1929), ária de concerto para soprano e orquestra.
Lulu (1935), ópera.
Schließe mir die Augen beide (1900), canção para soprano
    e piano sobre um poema de Theodor Storm;
    primeira versão, tonal.
Schließe mir die Augen beide (1925), canção para soprano
    e piano sobre um poema de Theodor Storm;
    segunda versão, dodecafônica.
Wozzeck (1914-22), ópera baseada na peça de teatro *Woyzeck*,
    de Georg Büchner.

BERIO, Luciano
Coro (1974-76), para quarenta vozes e quarenta instrumentos.
Laborintus II (1965), para vozes, grande ensemble e eletrônica,
    sobre um texto de Edoardo Sanguineti e em
    comemoração aos setecentos anos de Dante Alighieri.
La vera storia (1977-81), ópera com libreto de Italo Calvino.
Sequenza III (1966), para voz feminina solo.

BOULEZ, Pierre
Structures – Livre I (1952) e Livre II (1961), para dois pianos.
Troisième Sonate (1955-57), para piano.

CHOPIN, Frédéric
Fantaisie-Impromptu, Op. 66 (1834), para piano.

CRUMB, George
Makrokosmos, Volume I, nº 11: *Dream images*
       (*love-death music*) (1972), para piano.

DEBUSSY, Claude
Études (1915), para piano.

FELDMAN, Morton
Rothko Chapel (1971), para soprano, contralto,
       duplo coro misto, viola, celesta e percussão.

GRISEY, Gérard
Vortex Temporum I, II, III (1994-96), para piano e cinco
       instrumentos.

LISZT, Franz
Kennst Du das Land? (1842), canção para voz e piano sobre
       um poema de Johann Wolfgang von Goethe.

MAHLER, Gustav
Sinfonia nº 1 (1884-88), em ré maior.

MENEZES, Flo
Gefäß des Geistes (2011), para piano.
Harmonia das esferas (2000), música acusmática.
Pulsares (1998-2000), para um pianista, orquestra de câmera
 e eletrônica.
Ritos de perpassagem (2018-19), NeutrinÓpera em Dois
 Trans-Atos.

SAFATLE, Vladimir
Ariel (2018), para voz e piano.

SCHOENBERG, Arnold
Acht Brettl-Lieder (1901), para voz e piano.
Moses und Aron (1932), ópera.

SCHUBERT, Franz
Kennst Du das Land?, D. 321 (1815), canção para voz e piano
 sobre um poema de Johann Wolfgang von Goethe.

SCHUMANN, Robert
Kennst Du das Land?, Op. 98ª nº 1 (1849), canção para voz e piano sobre um poema de Johann Wolfgang von Goethe.

STOCKHAUSEN, Karlheinz
Der Jahreslauf (1977), para orquestra gagaku.
Stimmung (1968), para seis vozes.

STRAVINSKY, Igor
Pulcinella (1919-20), balé com canção em um ato.

WEBERN, Anton
Sechs Bagatellen, Op. 9 (1911-13), para quarteto de cordas.

WOLF, Hugo
Kennst Du das Land? (1891), canção para voz e piano sobre um poema de Johann Wolfgang von Goethe.

ZELTER, Carl Friedrich
Kennst Du das Land? (1828), canção para voz e piano sobre um poema de Johann Wolfgang von Goethe.

Flo Menezes (SP, 1962), que define desde 1983 sua própria música como maximalista, é compositor de cerca de 100 obras nos mais distintos gêneros e, no campo da teoria e estética musicais, autor de livros como: *Apoteose de Schoenberg* (1987; segunda edição: 2002); e *A acústica musical em palavras e sons* (2004/2014), pela Ateliê Editorial; *Música eletroacústica: história e estéticas* (1996/2009); e *Matemática dos afetos: tratado de (re)composição musical* (2013), pela Edusp; *Atualidade estética da música eletroacústica* (1999); *Música maximalista* (2006); e *Riscos sobre música* (2018), pela Editora Unesp; além de 3 livros na Alemanha e na Itália. É Professor Titular da Unesp em Composição Eletroacústica, onde fundou e dirige em São Paulo o Studio PANaroma, um dos principias estúdios do mundo na área.

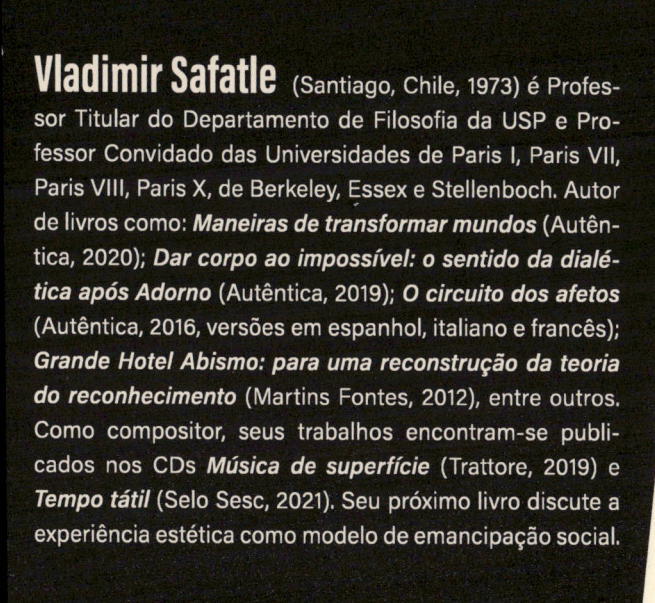

Vladimir Safatle (Santiago, Chile, 1973) é Professor Titular do Departamento de Filosofia da USP e Professor Convidado das Universidades de Paris I, Paris VII, Paris VIII, Paris X, de Berkeley, Essex e Stellenboch. Autor de livros como: *Maneiras de transformar mundos* (Autêntica, 2020); *Dar corpo ao impossível: o sentido da dialética após Adorno* (Autêntica, 2019); *O circuito dos afetos* (Autêntica, 2016, versões em espanhol, italiano e francês); *Grande Hotel Abismo: para uma reconstrução da teoria do reconhecimento* (Martins Fontes, 2012), entre outros. Como compositor, seus trabalhos encontram-se publicados nos CDs *Música de superfície* (Trattore, 2019) e *Tempo tátil* (Selo Sesc, 2021). Seu próximo livro discute a experiência estética como modelo de emancipação social.

Dados Internacionais de Catalogação na Publicação (CIP) de acordo com ISBD

S128p   Safatle, Vladmir

        A potência das fendas / Vladmir Safatle, Flo Menezes. -
        São Paulo : n-1 edições, 2021.
        120 p. ; 12cm x 19cm.

        ISBN: 978-65-86941-47-0

        1. Música. 2. Estética. I. Menezes, Flo. II. Título.

                                            CDD 780
2021-2635   CDU 78

Elaborado por Vagner Rodolfo da Silva - CRB-8/9410

        Índice para catálogo sistemático:
        1.   Música 780
        2.   Música 78

n-1

O livro como imagem do mundo é de toda maneira uma ideia insípida. Na verdade não basta dizer Viva o múltiplo, grito de resto difícil de emitir. Nenhuma habilidade tipográfica, lexical ou mesmo sintática será suficiente para fazê-lo ouvir. É preciso fazer o múltiplo, não acrescentando sempre uma dimensão superior, mas, ao contrário, da maneira mais simples, com força de sobriedade, no nível das dimensões de que se dispõe, sempre n-1 (é somente assim que o uno faz parte do múltiplo, estando sempre subtraído dele). Subtrair o único da multiplicidade a ser constituída; escrever a n-1.

Gilles Deleuze e Félix Guattari

n-1edicoes.org